Suspiros
Victor Robles

EDITORIAL
GARBEC

Copyright © 2017 Victor Robles
Todos los derechos reservados se prohíbe
la reproducción total o parcial
sin consentimiento expreso del autor.
Editorial GarBec
ISBN: 978-1975986391

Poemas personalizados: escultordemispoemas@hotmail.com

DEDICATORIA

He sido un hombre afortunado, porque nací con buena estrella, hoy tengo tres estrellas que llegaron a mi vida y que me han enseñado a ser padre y me han regalado dos trocitos de lucero que tienen su propia luz e iluminan mis días tristes, tengo astros en el cielo que me miran y cuidan, estrellas que he encontrado en mi camino que me han apoyado y enseñado a crecer y creer en mí, incluso, empujado también a que ahora puedan leer este libro, en mi vida paso una estrella fugaz pero que dejó una larga estela, dos estrellas que me forjaron sustituyendo a mi estrella mayor que desde que se fue ellas aquí en la tierra nunca me abandonaron y a mis hermanos que quiero tanto y a la vida gracias por esta oportunidad.

Victor Robles

INTRODUCCIÓN

Qué podemos esperar, al abrir y atisbar las páginas de esta obra, encontraremos más allá de cualquier cosa, versos impregnados, de todo aquello por lo que en algún momento todos hemos pasado, sentimientos que van desde lo súblime hasta la mundano, amor, alegría, dolor y llanto, letras que en algún momento nos harán erizar la piel y hacer nuestro, el sentir que Victor aquí expresa, adelante disfrute entontoces de las palabras de este autor y dejese llevar a esos terrenos misteriosos.

El Editor

PRÓLOGO

Soy lo que el camino me ha dado, donde las subidas fueron duras y las bajadas tan violentas, que daban miedo, cada piedra en el camino, me dieron una enseñanza, algunas, quise brincar otras traté de hacerlas a un lado conforme seguía cambiando, aprendí, que no hay que ignorarlas, porque cada una ellas de una u otra forma estuvieron ahí, para aprender de ellas, gracias al frío, al calor, a la lluvia y al tiempo que me han regalado cada una de sus virtudes que he plasmado, en cada una de estas letras, que me han acompañado de risas y lágrimas, algunas lágrimas con sangre, sangre llena de vida,y vida que con todo su amor me ha regalado tres estrellas, cada estrella me ha regalado sus frutos que han venido a alegrar mi existencia, han venido a llenar ese espacio que en mi corazón las ha pensado siempre, a las ilusiones en el amor que aunque fueron ilusiones me dieron esperanzas y ese amor que me torturó gracias también porque aprendí mucho, dolio pero aprendí, gracias a Dios, a la vida, a la naturaleza y al universo que unidos he vivido esta vida que, lo que haya pasado ha sido hermosa y quiero vivir más y aprovechar cada segundo, cada respirar, porque ¡qué hermoso es vivir!

Victor Robles

ÍNDICE

Esencia	13
Cuando vas a mi lado	14
Adorno de mi jardín	15
Copitas de algodón	17
Ahogándome	18
De norte a sur	19
Bulto abandonado	20
Despertar a tu lado	21
Bonita	22
Entumidas alas	23
Amor tan grande	25
Llanto a la vida	27
Ansiedad de mis fantasias	29
Donde quiera	31
Amor mio	32
A ti te lo dedico	33
Despedida	34
Delirio	35
A dónde	36
Dos cosas	37
Brillo nublado	38
El castillo	39
Eco	43
El cielo no me espera	44
Conciencia y corazon	45
Corazón y la razón	48
A una amiga	50
El hombre más rico	51
El poder de tus palabras	53
De rocio	54
El juicio	55
Escombros	57
El amor no acaba	58
Cuatro meses	59
Hazme saber	60
Despertando	61
Eterno	63
Hacia donde	65
Esclavo	67

Mentira	69
Eres un vicio	70
Diminuto mundo	72
Heroe	73
La actriz	74
Me estan matando	76
Desesperado espero	77
Me miraron	78
Segundos	79
Mayo 17	80
No puedo creer	81
¿Te soñe?	82
No te enamores	83
Tantos años	84
La encontrarás	85
Un solo minuto	86
Segundo de locura	87
Serenata	90
Uno de esos seres	91
A la chaparra	92
Mi paraiso	93
Si hablara	95
Suave sombra	96
Tarde de mayo	98
Me miro en tus ojos	99
Rosa estrella	100
Tú no eres	101
Amor Varado	102
Me haces sentir	103
Tres regalos	104
Sueño o historia	105
Tritura de la vida	107
Tu mirada	108
Testiga	109
Velaré	110
Flores olvidadas	110
La carta	111
Mentirosa	112
No se dio	113
Triste lucero	114
Vete	115
Viejo pronto	117

Si lo hacer lo haré	118
Sólo	119
Miraras por mis ojos	120
Despertar	121
Volver a nacer	122
Sarahi	123
Aprender a esperar	124
Viento	125
Tarde	126
Uno de tus besos	128
Cofre	129
Piel de vainilla	130
Amiga	131
Yo no serlo	132
Ya viene llegando	133
Todo	135
No existe	136
Quiero pedir	136
Te imaginé	137
Señora fria	138

ESENCIA

Mi olfato te percibe,
mi carne te percata
mi sangre se revive,
por tu atracción de santa.

No caminas si no flotas,
todo completo me enloqueces,
mi sano pensamiento de tajo cortas,
tu mirada la pagaré con creces.

Tu esencia me obsesiona,
ideas vuelan, sin recato,
el atrevimiento me emociona,
reacciono y mi voluntad quebranto.

El no desearte, es todo un reto,
fantasías pasan destilando,
mi cuerpo se encuentra incompleto,
sobre mi pecho te estoy mirando.

Flor hermosa, con amor te enfaticen,
entre un tornado y las montañas escoger
corazón, alma y mente a gritos dicen,
preciosa y caprichosa forma de mujer.

CUANDO VAS A MI LADO

Cuando camino a tu lado,
me siento un gran personaje,
con el orgullo de un soldado
que gano medallas por su coraje.

Cuando camino contigo,
la multitud se abre a nuestro paso,
con orgullo cargo tu abrigo,
y tú sigues colgada de mi brazo.

Sigo caminando de frente,
el soltarte ni siquiera lo nombro,
miras mi rostro, sin ningún pendiente,
me siento seguro cuando ciñes mi hombro.

Siento todas las miradas,
como si fueran toros de lidia,
ellas se quedan calladas,
y ellos llenos de envidia.

Y yo que sigo a tu lado
tan gallardo que mi amor se libera
miro a tus ojos y suspiro enamorado
solo digo gracias… por ser mi compañera.

ADORNO DE MI JARDÍN

Bella flor de mi jardín,
rodeada de otras tantas,
tus pétalos estas por abrir,
y a la vida de felicidad le cantas.

Bella flor de mi jardín,
con el brillo de mil colores,
con luz propia de un candil,
la más bella de entre miles de flores.

Agua clara cristalina,
con la fuerza de mil volcanes,
con tus sueños y planes alucinas,
y cada gota de triunfo te la ganes.

Con lanza y sueños en mano,
con ilusiones y cautela,
con pensamientos, limpios y sanos
vas dejando a tu paso una estela.

Tu nombre es el más hermoso,
portador de la esencia, de una rosa,
mezclado con un rio caudaloso,
no sé por qué, pero nació graciosa.

Impaciente por probar tu vuelo,
con el brío de ciento de palomas,
abre tus brazos y toma tu cielo,
donde está Dios y entre sus brazos te toma.

Ahora vuela ya tienes tus alas,
aunque me de miedo vuela más alto,
tu destino y proyectos sola te los señalas
y de paso llévate contigo, siempre este humilde manto.

Este manto que siempre te cubrirá,
te protegerá de donde pises y de tus males,
úsalo siempre, que en la vida te servirá,
este manto es el amor que te tenemos tus padres.

Un día te pregunto, ¿estas usando toda tu fuerza?
- ¡Claro que si, que nadie lo dude! -
no te molestes hija, la pregunta no es adversa,
es que, no me has pedido que te Ayude.

COPITAS DE ALGODÓN

Pequeñas copitas de algodón,
que el cielo me regala,
se amontonan formando un cordón
y por las hojas del árbol resbala.

En cada copita que miro,
es una gota de esperanza,
con cada copita suspiro,
cada una me tiene una enseñanza.

Vienen alegres cayendo,
con la ilusión de encontrarse otra,
emocionadas se vienen riendo,
al encontrarse sólo felicidad les brota.

Que corta es su felicidad,
les dura tan sólo unos minutos,
viene el sol y con claridad,
las empieza a deshacer, pero juntas.

Y se mezclan miles de gotas,
juntas forman un río,
como las lágrimas, forman mis notas,
de una canción, de triste sombrío.

Se asemeja a la misma vida,
donde la esperanza sobre hielo se dormía,
la angustia está aquí, no está perdida,
No se piense que es parte de la vida mía.

AHOGÁNDOME

Perdón Señor mi pensamiento,
pero algo extraño me está pasando,
siento en mi pecho su crecimiento,
creo que la amargura me está ahogando.

En mi flor estoy pensando,
el amor que le tenía, mas no sé, qué pasó,
pareciese que se estuvo estilando,
parece que mi corazón ya se cansó.

De tan cargado de flores que lo tenía
se cansó ya está agotado
yo conscientemente lo tenía
que pudiera alguien, llegar a gastarlo.

Ya mis ojos caídos
sólo el humo está mirando
tantos buenos deseos fallidos
creo que ya la estoy odiando.

Perdóname Señor otra vez
si ella fue la luz de mi esperanza
todo mi amor está al revés
y esta ilusión ya huele a rancia.

Señor le dejo de molestar
porque ya esta vida apesta
ojalá me pueda perdonar
o ayúdeme otra vez a salir de esta.

DE NORTE A SUR

Siempre de norte a sur
las estrellas se ven diferente,
brillan con un bello azul
y mi alegría es elocuente.

Cuantas estrellas puedo mirar,
cada una de ellas me observa,
sé que saben mi pensar,
saben, lo que en mi pecho se conserva.

Igual mis ojos brillan,
porque ya pronto quiero llegar,
unas muy precoces me pillan
que tu nombre bajito, no puedo negar.

La distancia no es tanto
tanto es el amor que te tengo,
tendré la paciencia de un santo,
la conservo por las pocas veces que vengo.

Ya veo mi destino en minutos,
por el cansancio y la emoción casi caigo
llora mi amor porque estaremos juntos,
y todas las caricias y besos que te traigo.

BULTO ABANDONADO

Astillas y fragmentos
por doquier, encontrarás,
notas tristes de lamentos,
que al mirarlas llorarás.

Colores tristes desteñidos,
letras muertas que no dicen nada,
pétalos secos reunidos
forman carcajadas desganadas.

La melodía es un canto
que trae a la vida, sin vida,
vestida con un negro manto,
cabeza y mirada perdida.

Aire frio violento silbando
entre los arboles como si estuvieras riendo,
como dagas pasas desgarrando
así pasas como si fueras un recuerdo.

Al final de un baldío seco,
un bulto se ha quedado abandonado,
es un espíritu, que por amor pecó,
ahora se ha quedado desolado.

Llora bajito y en silencio
nada le importa, está desconsolado
el dolor y la soledad, lo han hecho necio
porque a la que ama, lo ha abandonado.

Fragmentos y notas, tristes va dejando,
toda la tristeza del mundo ya vivió,
con lápiz y sobre un papel lo está pensando
todo esto, esta dolida, lo escribió.

DESPERTAR A TU LADO

Cuando tus ojos estén cerrados,
y sentado sobre un sueño viajando,
con mis sentimientos empecinados,
cuidaré que no pierdas, lo que estés soñando.

Con la paciencia de una montaña,
con los ojos despiertos, como el cielo,
estaré contigo cada mañana,
cuidando que no te moleste a tu cara tu pelo.

Con la almohada en las piernas,
tus manos pálidas por el descanso,
tu silueta y formas tiernas
haces sentir mi cuerpo manso.

Sigue durmiendo, sigue soñando,
el sol ya salió y mis ojos no he cerrado,
no te preocupes te sigo mirando,
que hermoso es el despertar a tu lado.

BONITA

Se encontraron mi amor y la fortuna
o será la ternura con los que los confundí
podrían ser el cielo, las estrellas y la luna
o será por el hermoso ser que conocí.

Han de saber que me siento caminar en el aire
que exaltado y contento acudo a la cita
como aquel niño que lo llevan al baile
porque me he enamorado de una mujer bonita.

Se han de imaginar mi pensar
que este, de este mundo se deslinda
es inaudito de admitir y a pesar
que yo como estoy y ella tan linda.

Sabía que la vida está comprometida
todo lo que me debía ahora lo veo
el universo y el amor en uno solo se conspiran
¡Despiértenme por favor! Porque todavía no me lo creo.

ENTUMIDAS ALAS

Un par de entumidas alas
después de mucho tiempo las uso
el vuelo y las intenciones no son malas
para eso el Supremo me las puso.

Cuantas cosas han pasado
una negra intensión me persigue
tres estrellas están a mi lado
y una esperanza de mi mano sigue.

Que días tan tormentosos
encima de mí la mala intención
que momentos tan dolorosos
lo único que me ayuda una canción.

Mis palabras e intenciones son limitadas
me sangro los labios para no hablar
cada palabra, cada minuto están atoradas
¿Quién de este infierno me podrá salvar?

Encima de todo, otra necesidad
miro mis bolsillos y pierdo lo risueño
el dinero no es la felicidad
pero nos quita el sueño.

Mis tres pequeñas estrellitas
con mi sangre las cubriré
para que nadie mire en sus caritas
la tristeza, por eso feliz moriré

Cargando a cuestas un recuerdo
con dolor el amor se terminó
me gritan malo, sin corazón y cerdo
nadie sabe mi sentimiento como se acabó.

Llega a mi mente un recordado libro
la voz de mi esperanza lo sugirió
lo leo la ilusión a mi amor lo vibro
un suspiro con esperanza sonrió.

Entumidas alas y mis estrellitas lejos
un negro pensamiento, a mi ilusión escucho poco
el dinero, la soledad y mí demacrado reflejo
poco me falta para volverme loco.

Dentro de esta locura
un punto de luz me sostiene
esa pequeña luz todo lo cura
esa luz mi esperanza la tiene.

Una soledad que asusta
una negrura como ninguna
el frío y la tristeza que no me gusta
me obsesiona mirar los brazos de mi madre como cuna.

Mi Luz, mis estrellitas y mi Madre
me ayudan a soportar tanto dolor
a gritos ayuda le pido al Señor Padre
no me quites de ninguna de ellas su amor.

AMOR TAN GRANDE

No creí que pudiera existir
un Amor tan grande como el que te tengo
que a mi imaginación la quisiera desvestir
y a mí fortuna con este amor lo convengo.

La conveniencia es grata
por este amor desmesurado
que enamorarte en mis sueños trata
con mil poemas que sean de tu agrado.

Que no se conforma dándote un solo beso
que te pide un mes solo para besarte
no pienses que estoy loco por eso
pero es un pequeño ejemplo para mostrarte.

Muestra que quiero que crezca
entiendo que una flor es un bello detalle
un árbol completo no será algo que te acontezca
te lo traeré con un moño, arrastrando por la calle.

Necesitaras un florero enorme
donde mi regalo lo pondría
no te preocupes ya yo mismo lo forme
de un cristal que lo traje de la India.

Y que no me conformo con darte un poema
que 40 libros completos por ti escribí
que en cada página nuestro amor como lema
y que algo más grande por ti construí.

Nuestra casa dentro de una montaña
que es una mina que nadie encontró
no será ninguna forma extraña
que la fortuna sobre esta vida nos montó.

Mis sueños, mis poemas y mis besos
de que otra manera más demostrarte
que todos los días te tengo en mis rezos
ya no sé de qué otra forma amarte.

Ya no sé cuánto te amo
que la tristeza gracias a ti consumí
al Amor con tu nombre le llamo
y solo sé que eres todo para mí.

LLANTO A LA VIDA

Te convido de mi llanto
es todo un grito de alegría
todo el tiempo mi pecho lo canto
con gusto un rio de risas lo seguiría.

Es un rayito de sol
es un trocito de ternura
nació de un girasol
y de mamá una sonrisa pura.

Es un bombón hermoso
un suspiro de bondad
seré tierno y cariñoso
alrededor de él, chispitas rondaran.

Brincaré lo más alto que pueda
un trozo de nube le traeré
se lo pondré de colchón y seda
y de día y noche por él velaré.

Más que a mi vida lo cuidaré
seré un maestro para educarlo
besos y caricias le daré
y jugaré con él, hasta cansarlo.

Dibujaré en su sonrisa
suspiros de felicidad
haremos una fiesta con su risa
que importa en la madrugada despertar.

Será un honor servirle
y su alimento preparar
sólo una cosa déjame decirle
esta felicidad con que te la voy a pagar.

Qué lindo día, que lindo amanecer
por ti no tendré ningún prejuicio
sólo una cosa te quiero agradecer
¡Gracias Señor! Por darme a mi Hijo.

ANSIEDAD DE MIS FANTASIAS

Cómo me puedo contener
este deseo de abrazarte
ya no me puedo sostener
quiero brincar a besarte.

Estás a unos cuantos metros
y puedo escuchar tu risa
coqueteas en mis adentros
y mis deseos acaricias.

La ansiedad me has provocado
cuanto deseo desatado
quiero comerme ese bocado
y dejarte hasta que me haya hartado.

No creo llenarme de ti
porque eres tanto lo que me provocas
a mis fantasías consentí
y la que tengo contigo es como pocas.

Todo tu cuerpo besarte
que sientas sobre ti un ciclón
toda completa quiero empalagarte
no dejaré sano ningún rincón.

Ya ha pasado media hora
y no me he llenado de ti
ahora eres tú quien me devora
gritas ahora, olvidaste, lo que te advertí.

Pasiones y deseos descontrolados
palabras y gritos de placer
caricias y besos mojados
mira lo que nuestros cuerpos pueden hacer.

El tiempo pasó y no me di cuenta
nuestros cuerpos el deseo los cansó
el sudor y el agua se presentan
pareciera que una tormenta cruzó.

Explosiones en tu interior
el deseo y la pasión están culminando
todo gira en el exterior
sé que en ti he culminado.

Tú fuiste la causante de esto
por como estás y la forma en que caminas
todo esto se me presentó
por mirarte y ser parte de mis fantasías.

DONDE QUIERA

En un ramo de flores
donde mi corazón viene a caber
son rojas y tan hermosas
que, en él, te puedo ver.

En cada nube que pasa
en la fantasía de un cuento
donde el sentimiento florece
ahí también te encuentro.

En una mañana nublada
una de tantos meses
un atardecer en la playa
y ahí te me apareces.

En un largo suspiro
cuando una emoción se me arrima
tu nombre aparece de la nada
y resplandece tu figura femenina.

En cada día que rezo
con la oración que más deseo
al cielo un grito y un beso
¡Dios Mío! ¡Cuánto te Quiero!

AMOR MÍO

El tiempo y la distancia
torturan mis minutos
aunque parezcan injustos
sin paciencia y sin estancia.

Mis manos dormidas
descansan en silencio
no es el tiempo que las venció
sólo esperan que te decidas.

Para cuando llegue el momento
el tiempo y la distancia se hayan caído
lo triste y la impaciencia se abran ido
y mis manos harán de ti un monumento.

Entonces sabrás porque como loco rio
porque en ti, mi luz y esperanza miré
entonces al oído te diré
cuanto, pero cuanto te amo, amor mío.

A TI TE LO DEDICO

Sólo en los libros y cuentos
se escriben algunas historias
de amor, envidia y lamentos
sólo los mejores quedan en las memorias.

Existen en la mente de algunos
sólo aquellos privilegiados
que llegaron al amor muy oportunos
son unos cuantos felices enamorados.

Para estos enamorados
usan imágenes como inspiración
o se recargan sobre sus costados
donde habita la dueña de su corazón.

A esa mujer que usa de musa
la causante de tanta ternura
su felicidad la tiene de excusa
porque ella un te amo le murmura.

Bella escultura encantadora
manantial de mi humilde inspiración
mujer que mi corazón adora
y manos de ceda que envuelven esta pasión.

Con tus palabras a mi esperanza las fortifico
no estoy loco si me ven caminando y riendo
y que no se sorprendan a quien se lo dedico
es a ti, que en este momento te estoy viendo.

DESPEDIDA

Siento un agudo dolor
y cada minuto va más de subida
tiembla mi humilde valor
es por esta anunciada despedida.

Los minutos se desquebrajan
las nubes llevan tanta prisa
mis palabras ya no encajan
porque tu voz nuevamente me lo avisa.

Tomo el aire que más puedo
la tristeza otra vez me gana
unas palabras a mi boca le concedo
te quiero mucho… Y hasta mañana.

DELIRIO

Pregúntale a mi delirio
pregúntale qué pasó
mi amada se fue por el río
la tristeza con el dolor se casó.

Cuánto tengo sin verla
cuánto durará este castigo
sé que he perdido a mi perla
otra igual ya no consigo.

¿A dónde iré a buscarla?
¿Hacia dónde se fugó?
¿De dónde poder sacarla?
pareciera que se esfumo.

Quedará impregnada en el aire
y en su nombre volaré
entre las nubes haré un baile
y por ella suavemente cantaré.

Serán canciones tiernas
que hablarán del amor nuestro
A las notas le saldrán piernas
que volarán hacía el gran maestro.

Que él nos bendiga a los dos
por su gracia no me hundo
abro los ojos y despiertan los sentimientos
todo esto si te perdiera un sólo segundo.

A DÓNDE

La mente se me envuelve
ya no sé, ni lo que pienso
todo se va luego vuelve
pareciera un raro sueño en un lienzo.

¿De dónde se devuelve el viento?
¿Por dónde sangran las rimas?
¿Por qué la soledad presiento?
¿A dónde se van tantas lágrimas?

¿De dónde viene el sufrimiento?
¿En dónde se junta el dolor?
Porque yo sólo me miento
que no existe para mí el amor.

¿Dónde perdí la alegría?
¿A dónde se fueron mis sueños?
Dónde se quedaron los momentos que vería
que para mí eran grandes, para otros pequeños.

¿Por qué tantos intentos se me negaron?
si de amor y las mejores intenciones iban tupidos
no supe por dónde se me quedaron
creo que los perdí en uno de mis tantos suspiros

DOS COSAS

Con este humilde ramo de rosas
son mis sentimientos escúchalos por favor
que con la noche te puedo hacer dos cosas
te puedo hacer un poema o te puedo hacer el amor.

Con los dos te ofrezco mi vida
con los dos te entrego el corazón
tu amor que sea el que decida
dime al oído, como cuando cantas esa canción.

Tu indecisión me emociona
te sudan las manos por decidir
por fin tu corazón reacciona
te me acercas al oído y me lo vas a decir.

Cierro mis ojos y tu corazón me entiende
los sentidos se preparan, todos
tu decisión no me sorprende
con voz tierna lo dices: sabes que quiero los dos.

BRILLO NUBLADO

Algo raro está pasando
pero si la leña esta prendida
un frio extraño me está abrazando
no logro entender lo raro de la vida.

Con ilusión mi arbolito puse
con cariño y esferas lo adorné
que me estás ayudando lo supuse
te llame por tu nombre… Ya nadie me responde.

Trato de olvidar el mal rato
y la música navideña me ayuda
nuevamente se rompe el encanto
y en mi garganta una lágrima se anuda.

Miro mi arbolito decorado
por más colores que tenga se ve ralo
las luces con un brillo nublado
y abajo con un solo regalo.

Con ilusión y anticipación lo envolví
siempre conservándolo como lo más sagrado
con tristeza la vista al cielo la volví
sólo y llorando un llanto callado.

Sólo y tirado ha quedado
mi cofre con el nombre de una mujer
ha quedado triste y desconsolado
porque ella no lo vino a recoger.

EL CASTILLO

Algo raro está pasando
sé que de esta ilusión no soy dueño
una pesadilla se me está cruzando
que está destrozando mi sueño.

Es una terrible nube
que lo que encuentra lo destroza
es parte de un mal pensamiento que tuve
donde a mi corazón lo lastima y lo rosa.

¿Dónde está mi castillo?
que con amor te construí
no ha quedado completo, ni un ladrillo
con un montón de papel lo confundí.

Y qué, de aquel jardín precioso
que flores sembré en tu honor
desde ahora se ve borroso
y con un nauseabundo olor.

Todas las flores están secas
los colores se desaparecieron
se ven cómo almas muertas
que de una maldición vinieron.

Un hogar lleno de comodidades
colchones blancos y limpios
ahora solo encuentro suciedades
rotos y sucios vidrios.

Y qué, de aquellos ventanales
por donde el sol nos saludaba
ahora son huecos infernales
por donde la humedad entraba.

Mis poemas llenos de amor
que en pergaminos te escribí
ahora los miro con terror
leyendo lo que puse, lo que creí.

Un paraíso completo te ofrecí
de bellas cosas llenó
ahora que lo destapo, descubrí
que ahí, fue donde mi alma penó.

Que ha pasado ahora
todo mi mundo se vino abajo
un puñado de lágrimas se me atora
mi corazón se partió de un tajo.

Ya no me queda nada
sólo tu recuerdo que me atormenta
siento mi alma pesada
y en mi pecho algo se revienta.

Ya nada quedará de mí
ni siquiera mis recuerdos
porque hasta el alma la perdí
y no me encontraran, ni con los muertos.

No me querrán con ellos
porque lo puedo matar
hablándoles de tus cabellos
y de la forma que me viniste a tratar.

Me correrán de todos lados
ni el infierno me querrá
porque verán mi corazón atado
el estar solo me aterrará.

Ni el nombre de Dios puedo nombrar
porque ya no tengo justificación
con mi alma se podrán cobrar
al cabo ya no tengo salvación.

Ya los restos de mi alma
en el espacio se perderán
ya ni esos trozos quedarán con calma
pensando en que se encontrarán.

Porque si llegan a encontrarse
todo otra vez empezará
volverán a equivocarse
Y de tus ojos se enamorarán.

Quedarán embelesados
con el color que tienen
se sentirán enamorados
si los miran de frente, pierden.

Querrán construir un castillo
y dentro de él un paraíso
lleno de flores y brillo
y de terciopelo el piso.

Para que tus pies no se lastimen
cuando descalza quieras correr
tu corazón me reanime
y entre tus manos mi ilusión componer.

Otra vez te ofreceré
este mundo que nadie te daría
que en mi amor te meceré
cómo el pétalo en el capullo seria.

Todo está volviendo de nuevo
ofreciéndote un mundo precioso
todo esto se lo debo
por el color de tus ojos.

Señor otra vez volví a empezar
mi ilusión vuelve a ser grande
quiero volver sus labios besar
antes que otro me la gane.

Ojalá esta vez sea yo el primero
para no descuidarla nunca
porque sin ella yo me muero
y mis versos e ilusiones se truncan.

Ya me tengo que ir
porque mi corazón me está ahogando
en el alma una daga puedo sentir
que caro esto, lo estoy pagando.

ECO

Agoniza mi sentir
se congelan mis palabras
no sé cómo poder sobrevivir
porque las horas son bravas.

El tiempo es mi enemigo
que en cada minuto me socava
sin ningún sentido lo sigo
sin pena, la vida se me acaba.

Caminos, sin sentidos
subidas, sin bajadas
cuerpos, sin vestidos
y lluvia de gotas saladas.

Montones de hojas secas
que el aire las revuelve
parecieran unas losetas
que un frio futuro las envuelve.

Futuro frio sin gloria
sin mucho afán lo camino
a mi lado camina la escoria
y para colmo la tristeza se vino.

Camino lleno de espinas
voces y lamentos me siguen
huesos y porquerías por donde caminas
y recuerdos que a esta tortura hostiguen.

Cuanto llevare caminando
he perdido la noción del tiempo
sólo sé que me sigo lamentando
y con celo, un cofre, entre mis manos contemplo.
Mis voces y sueños redimidos
mis promesas firmadas en dos pactos
qué forma de castigar mis sentidos
son el eco de mis tristes actos.

EL CIELO NO ME ESPERA

Sé que el cielo no me espera
Y las puertas me las cerrara en la cara
Se lo que me espera
No es el paraíso en una nube
Sangre y dolor es lo que me espera

Qué más da, más la espera
parte de este sufrimiento ya lo tuve.
total, la vida no es tan cara.
perdón Dios mío perdóname
sólo son tres pasos
sólo escucha mi lamente
la puerta falsa se abrirá quiero que nadie me ame
es el mejor de todos los casos
y por pensar esto, tan solo un momento.
todos los problemas conmigo morirán.

Sublime tentación
otro mundo conocer
no es tan mala condición
pasar a ser otro ser.

Perdón a mis tesoros
las amo con toda mi alma
se los juro con cada uno de mis poros
pero algo de mí no tiene calma.

Sus inocentes lagrimitas
sus caritas mojaran
a este loco, esto no lo imitas
porque sé de qué forma me castigan.

CONCIENCIA Y CORAZON

La conciencia y el corazón
un día se encontraron
cada uno defendía su posición
tranquilamente platicaron.

La conciencia se defendía
diciendo que siempre tenía la razón
pero muy dentro decía
no olvides que aquí hay un corazón.

La conciencia predica
pienso en que todos estén bien
incluso mi tiempo se dedica
en que todos en mi confíen.

El Corazón callado y pensando
dejando que la conciencia hablara
sólo se dedicó a estarla escuchando
la dejó que hablara, para que no se molestara.

La conciencia lo miro
¿Tu porque no dices nada?
El Corazón suavemente sonrió
Tenía una paciencia sagrada.

La conciencia vuelve a decir:
si tú haces algo malo te castigo
en las noches no podrás dormir
ni descansar, yo sé lo que te digo.

Tu error lo pagarás caro
en tu cabeza, tu equivocación cargarás
en tu mente me llevarás pegado como sarro
golpes y castigos tu misma te darás.
Una suave voz la calma
el corazón ahora pide hablar
se escucha suave viento de palma
sabe que es la forma con ella entablar.

Tú hablas de castigo, pero nada bueno
das miedo y nos asustas
de amarguras está lleno
y pocas veces tus decisiones son justas.

A mí, eres el primero que lastimas
el amor es lo menos que te importa
en dañar ilusiones, no escatimas
Al quejarse y llorar nos exhortas.

Yo te digo que, sin embargo
quiero sólo tu felicidad
si en verdad amas no tendrás cargo
y a mí me salvarás de la ansiedad.

Yo a mí dueño le hago decir
lo que de verdad necesita
y tú le vienes a mentir
que eso no es lo que precisa.

Te dejaré algo para que lo pienses
toco tu corazón y el amor por ti decida
ama, se feliz y si tú misma te vences
sabrás que sin corazón no habría vida.

La conciencia llorando dice
porque el amor en mí no reside
he querido amar, pero ni eso lo sé
si puede, tu orgullo te lo impide.

El Corazón lo tomo del hombre
al oído algo le confesó
la conciencia escucha con asombro
el corazón la cruz de su mano besó.

Por esta que te lo juro
yo siempre fui igualito a ti
pero el amor mi alma curo
porque todos los prejuicios los partí.

Malditos prejuicios que lastiman
no saben de amor y todo destruyen
separan a las personas que se estiman
sólo amarguras en el pecho construyen.

Corazón dime algo que me aliente
la verdad me duele lo que he andado
si tú en realidad eres valiente
sólo ama y será amado.

Tira tu prejuicio y sin sabores
haz lo que tu corazón diga
ama la vida y ama los amores
y que Dios te Bendiga.

CORAZÓN Y LA RAZÓN

Sentados en una mesa
en lo oscuro de un salón
dos voces maduras hablan
eran el corazón y la razón.

Encorvado y meditabundo
con sus manos en la cabeza
con su mirada al piso
el corazón se confiesa.

No sé, en qué fallé
no lo puedo entender
por más que busco no entiendo
de quien me debo defender.

Mira todas mis lágrimas
mírame como estoy destrozado
no tengo ni fuerzas de hablar
ya me siento acabado.

La razón muy atenta
lo tomo del hombro y lo comprende
le levanta la cara y mira sus ojos
"quizás no es el momento, pero ya aprende"

Entiendo tus sentimientos
y la forma en la que entregas tu amor
no te limitas y entregas todo
pero ya hazme caso por favor.

Mírate como te encuentras
yo no te quiero cambiar
porque la verdad te respeto
otro como tú no podría encontrar.

Está bien que quieras como quieres
pero deja algo para después
sí, sí entiendo como tú eres
pero la vida te aguarda algo, no lo dudes.

La voz triste vuelve hablar
empiezo a entender muchas cosas
porque creí que con amor cambiaría todo
y sólo encontré respuestas lastimosas.

No será fácil cambiar mi forma de pensar
pero si quiero vivir lo haré
porque lo que he vivido no me gustó
sé que la vida quiere que vuelva a nacer.
Mi amor tendrá la misma intensidad
ignorare la que no me entregué el corazón
total, en el mundo a diario nacen flores
y seguiré la vida de la mano de la razón.

A UNA AMIGA

Luz que despierta mi mañana
árbol que me ofrece su sombra
libro que disipa mi maraña
corazón y manos que me nombran.

Fuente de agua que mi sed colma
torrente de mi humilde inspiración
con la mejor intención le das forma
a una vida sin desesperación.

Con tu cuerpo has demostrado
que en la bondad no tiene cabida
en tu vientre nos has formado
y le has dado vida a mi vida.

Mujer incansable
que la esperanza te escucha
con la vida eres amable
y día a día no termina tu lucha.

Luchas de día y luchas de noche
al último dejas tu descanso
a todo le pones un broche
de cariño que a mí me mantienes manso.

Gracias Dios que me diste una amiga
gracias vida ella ha sido la luz de mi vela
señora estés donde estés, mi bendición te siga
Y que Dios siga contigo, mi querida mamá Carmela.

EL HOMBRE MÁS RICO

Encontré que hablaban en una revista
de los hombres más ricos del mundo
asombrado se me perdió mi vista
no encontré mi nombre y me quedé meditabundo.

Hombres de muchas partes
japoneses, americanos y árabes
poseedores de fortunas y yates
ostentosas casas y modernas naves.

Una sonrisa mi cara mostró
pensado en lo equivocado que están
lo que yo tengo nada me costó
el vivir y amar nada cuestan.

Les daré unos ejemplos breves
la vida no me costó porque la heredé
empecé caminando como la ves
a aprovechar la vida lo consideré

El amor que mis padres me dieron
el aire que respiro para vivir
la naturaleza y el sol no se midieron
tanta belleza que no puedo coincidir.

De mis hijas que puedo decir
cuando con sus manitas me acarician
a esta emoción no puedo desistir
con su tierno amor que me envician.

La fe en Dios que mantengo
por esta vida que me da
con los tropiezos no me entretengo
sólo tengo ojos para la felicidad.
No hay riquezas que las mías
miro por mis ojos y hablo con mi boca
la vida y el sol me esperan todos los días
así las nubes oscuras son muy pocas.

La libertad de ser feliz conservo
entre la tierra y el cielo navego
y para colmo en mi vida llevo
un perro que no duerme hasta que yo llego.

Tengo hermanos que son como mis amigos
y amigos que son como mis hermanos
por eso no busco enemigos
por eso mi hablar no es de ufanos.

Porque no he de ser el más rico del planeta
si tengo todas las cosas que necesito
quizás esta carta no está completa
falta algo que todos los días recito.

Que ya está por demás
para sentirnos de esta vida plenos
el hombre más rico no es el que tiene más
si no el que necesita menos.

EL PODER DE TUS PALABRAS

Creo entender las cosas
el polvo poco a poco se disipa
aunque para mi ego sean dolorosas
tu suave voz se le anticipa.

Voz tierna y suave
pero firme como el cemento
palabras que vuelan como ave
que a tu lado me siento contento.

No gritas para convencer
con ternura en cada sentido lo clavas
me regocijo porque me llegas a conocer
y mil gracias por el poder de tus palabras.

DE ROCIO

Cuántas peleas y disgustos
en nuestra infancia hubo
ahora los recuerdo con gusto
ya ninguna importancia mala tuvo.
Peleábamos de todo
con cuchillo mis llantas ponchaste
sentían que me hundía en el lodo
por lo gacho que te manchaste.
El destino nos separo
pero ni así nos olvidamos
aunque solo, mis problemas reparo
son más, tus consejos sagrados.
Aunque sólo por teléfono
la voz nos escuchamos
siempre con humor y buen tono
sin problema nos apoyamos.
Todo el tiempo quisiera
sólo hablarte y saludarte
que mis problemas no vieras
para nunca preocuparte.
Tú sabes que nada más en ti tengo
A alguien de mi mayor confianza
en ti mis secretos mantengo
y mi locura solo tú, amansas.
Por las venas de los dos
la misma sangre corre
ningún error atroz
o mal pensamiento nos borre.
Quiero agradecerte tanto
por entenderme y apoyarme
de agradecimiento canto
y de mi un hombre formarme.
Una oración con ternura vale
una lágrima de alegría emana
ya no tengo a mi madre
pero gracias a Dios te tengo de hermana.

EL JUICIO

La gente está atenta
por el castigo que sufrirá
la gente entre voces comenta
que castigo le darán.

El veredicto es implacable
y sin tocarse el corazón responde
morirás en la forma que se hable
no quiero escuchar que tu corazón esconde.

La gente queda satisfecha
por el veredicto justo
todos quieren saber la fecha
sus sonrisas caen y reciben un susto.

El juez se pone de pie y grita:
¡Qué pase el condenado!
unos a otros unos comentarios evitan
un niño entra a la sala asustado.

El juez sin misericordia lo condena
todo está en tu contra la muerte te espera
ojalá tu castigo nos haga valer la pena
el niño llora su destino en un minute llega.

Muchos se consternaron
no sabían quién era el condenado
sus lágrimas del suelo levantaron
por mirar al niño azorado.

El verdugo de su ejecución
por primera vez lo miran llorar
nadie imagine esta función
cómo el alma de un niño se viene a transformar.

Su ejecución ha sido confirmada
algunos se lamentan otros contentos
la sala se queda callada
por lo triste del acontecimiento.

¿Por qué para algunos no les dolió?
que el Niño falleciera
para ellos fue un jolgorio
para esta gente el perdón no tuviera.

Con la muerte del niño no se engatusan
estas personas se felicitan y abrazan
el resto de la sala los critican y acusan
sólo estos pocos saben lo que pasan.

Sólo estos pocos saben y festejan
que el niño tenía que morir
al tiempo sabio le dejan
el niño un sueño siempre quiso pedir.

Quienes son estas personas que festejaron
quizás no nos incumba sus nombres
son ángeles que al niño se llevaron
y que nos dejaron un Nuevo Hombre.

ESCOMBROS

Te encontré en un mar de llanto
y cómo hombre te ofrecí mi vida
quizás no esperabas tanto
que ni creías que era la tierra prometida.

Te curé tus alas
y lamí tus heridas
todas las ideas malas
con mi amor las vieras consumidas.

Te enseñé a emprender el vuelo
y tus ojos te los abrí
que sintieras desprender los pies del suelo
y poco a poco tu ternura descubrí.

Más sin embargo que ha pasado
el llanto que tenías te ha gustado
que no te importa que sea salado
si es lo que te han inculcado.

Las alas rotas, tu misma las cortaste
y tus heridas así las quieres
allá en el vuelo te encontraste
la forma más ruin en la que me hieres.

Me largo con mi tristeza al hombro
desilusionado creyendo lo que veía
no era un castillo, era un montón de escombro
nunca fue real lo que creía.

Yo que te puedo importar
no se puede comparar el miedo con el dolor
lo última cosa que te quiero delatar
que sigas pensando que vives… en un mundo de amor.

EL AMOR NO ACABA

Manecillas de un reloj
me señalan el momento
ya es la hora de salir
de la mano de un pensamiento.

He escrito mil poemas por ahí
cada uno con un mensaje bello
¿En qué lugar crees que los escribí?
pronto te darás cuenta de ello.

Camino por caminar
y pensando en lo que te quiero
pienso y en cada pensamiento escribo
escucho mi corazón cantar
los versos que yo te dedico
que figura me espera
que a lo lejos logro distinguir
quien más podría ser
con esa luz que me indica mi existir.

Te tengo frente a mí
tu amor penetro por mi mirada
a la distancia le temí
llegar tarde a tu morada

Quiero abrazarte, quiero besarte
quiero decirte cosas hermosas
pero todo mi amor quiero desearte
con este humilde ramo de rosas.

Toma las flores y míralas de cercas
cada una te dirá lo que viví
no te asustes no estás cercas
es que en cada pétalo un poema te escribí.

CUATRO MESES

De diciembre a abril
mis brazos estuvieron presos
de mis ansias que te puedo decir
y las maletas llenas de caricias y besos.
Mis ojos deseos de verte
con la elegancia de una condesa
para agradar al hombre que ama
pero… Bueno, sigue siendo una princesa.
Que ya llego… está bien
en la alcoba me dará lo que tanto he pedido
ella bien sabe que mi cuerpo lo grita
y sé que me recompensará el tiempo perdido.
Llegamos por fin y se abre el paraíso
mi corazón está que salta de gusto
pasa ella primero y yo la sigo
y mi pobre corazón de detiene del susto.
Los sentidos se preguntan
¡Donde esta lo que nos prometiste!
¿Es una mala broma verdad?
¡O en que congelador nos metiste!
Mi sangre se detiene
y mis manos están temblando
mi cabeza no soporta
la manera que mis sentidos están reclamando.
Habla el corazón que es el más valiente
lo siento señores, bajito lo murmura
ha sido mi culpa que fueron cuatro meses
que se tiraron a la basura.
No culpen a nadie de esto
creí que ella me daría lo que he soñado
tonto yo, por pensar que ella lo tenía todo
castíguenme a mí, por no aprender del pasado.
Regresemos de dónde venimos
recojan sus tristezas y su pasado
sólo déjenme le dejo una nota a ella
que pobre este amor que me has dado.

HAZME SABER

Hazme saber algo
que todos los días me pregunto
cuanto para ti valgo
dilo cuando tus manos a las mías junto.

Si al momento de abrazarte
alguna vibra de tu corazón toco
si al momento de besarte
la misma emoción provoco.

Si tus labios tiemblan igual que los míos
si tu corazón late igual al mío al mirarte
si como yo escapo de los fríos
si alguien como yo pueda amarte.

Que tu boca me responda
y tu corazón te ayude
que tu alma no se esconda
para que este amor nos dure.

Cierra tus ojos bellos
respira hondo la emoción te lo viene a pedir
en lo que muevo de tu cara tus cabellos
sé que ahora ya me lo vas a decir.

DESPERTANDO

Otra vez es de mañana
estoy saliendo de mi sueño
al despertar mi cabeza es una maraña
el sol se asombra un tanto risueño.

Es el inicio del final
un fin que me acabo
triste camino en espiral
cada pisada, a mi paso calo.

Río que a mi lado corre
río ancho y caudaloso
¿Habrá alguien que lo borre?
río que formo gracias a mis sollozos.

Hay ríos que cantan
hay ríos que oran
hay ríos que encantan
pero mí río, es de los que lloran.

Sollozo triste como lamento
lamento triste que hasta Dios llorará
¿De dónde vino tanto sufrimiento?
no sé quién más nadie lo soportara.

Mira lo que son las cosas
mira con que me paga la vida
yo que ofrecí solo cosas hermosas
ahora entre las patas me lleva la estampida.

Estampida de sangre y dolor
estampida que años lo pudo soportar
ahora la vida me pinta de otro color
en negro lo azul de mi corazón pudieron cortar.
Mi sueño se ha despertado
a lo que tantos años temí
todo el tiempo mi ilusión abría fabricado
tanta dicha que ahora sufro porque nunca me medí.

Mi gloria quise alcanzar
pero la tristeza más pronto me alcanzó
con mi ilusión a cuestas, nada me podrá alcanzar
no puedo creer que tu amor al mío como basura lo lanzó.

¿Mi destino desde ahora que me dará?
ya mi vida el vivirla no sé si lo valdrá
sólo sé que esta cicatriz con nada se borrará
más dolor que alegría me has dado que saldrá.

El miedo se ha consumado
mis lágrimas sin motivo por fin
este amor se ha esfumado
con que dolor tan grande llego a su fin.

ETERNO

¡Quiero gritarlo!
y pides queme calle
¡Quiero explicarlo!
y me pides que no hable.

Para mí eres felicidad
eres mi nuevo existir
estas llenas de bondad
de mi alma eres mi sentir.

Te quiero dar mi todo
un mundo que sólo yo sé
la oscuridad nos dio un modo
donde tu amor al mío lo posee.

La hipocresía me mantiene
no sé cuánto soportare
en mi interior ya nada tiene
que a ese amor ya no amaré

Por dentro ya estoy seco
una sola flor se mantiene
sé que con esa flor peco
pero aun así este amor se sostiene.

Ahora lo grito y lo grito
pero sale mezclado con llanto
lo dirá lo que te he escrito
o me veras perdido en un encanto.

Encanto lleno de dolor
dolor que nada sana
desgracia le miro al candor
cada sonrisa la veo vaga.
Quiero volver a gritarlo
que te amo nunca lo callaré
mi corazón ya no puedo apretarlo
ya más   seco no lo encontraré.

Me vuelves a pedir que calle
yo que no puedo callarlo
mi amor es como un valle
tan grande que nadie puede darlo.

Nunca les daremos opinión a la gente
nuestro amor se encarnará en el seno
aunque, sí o no, lo acepten
será siempre mi amor eterno.

HACIA DONDE

Quiero escapar sin rumbo
correré o volare sin dirección
sobre la incoherencia me tumbo
creo entender esta reacción.

Quiero escapar no se a donde
a donde nada me recuerde a ti
en mis ojos la angustia se esconde
con tu memoria me perdí.

En el mar, en un árbol o en una cueva
un refugio encontraré
o quizás necesite una prueba
que sobre brasa ahí me revolcaré.

Pero de dolor será
porque tus ojos no miro
la inquietud crecerá
cuando el aire tu recuerdo tiro.

Que noticias me traerá
ojalá no traiga nada
pero el dolor más crecerá
y mi corazón recibirá una bofetada.

Asustado respondo
¿Por qué me tratas así?
sólo quiero darte mi nombre
entiendo que no te merecí.

Pero que hago con este amor
si ya lo tengo destrozado
ya no siente ni el calor
de tu beso enamorado.
Por eso quiero escapar
a donde sea no me importa
siento que me van atrapar
siento como el alma se me corta.

quizás es la única salida
alguien del otro lado me podrá oír
quizás a nadie le importe mi partida
tengo más miedo estar solo… que morir.

Pero que me puede asustar
si me darán la bienvenida
en este viaje me quiero apuntar
total, ya estoy muerto en vida.

ESCLAVO

Buscando todas las formas
para estar contigo siempre
dudas y preguntas no las colmas
al sentido del amor lo contemple.

Vengo hacerte una oferta
todo tiene, consiente, paciente y bravo
no son joyas, oro ni prenda
quiero que me tomes como esclavo.

Me tendrás a tu servicio
de día, de tarde y de noche
ten cuidado se te hará un vicio
o pierde cuidado y has un derroche.

Harás conmigo lo que quieras
acaríciame, tócame y bésame
hasta donde tus manos y ojos vieras
con amor y placer que puedes darme.

Estaré donde tú me necesitas
sólo suena tus dedos y ahí estaré
con tu mirada mándame una señal no te limites
en un rincón atento la esperaré.

Todo el tiempo con los ojos abiertos
ansiando el momento en que me llames
mis sentidos estarán despiertos
cuando me llames mi ansiedad la calmes.

Si tienes frio te daré calor
si tienes ansias te daré consuelo
si tienes miedo te daré valor
y si te animas contigo vuelo.
Seré un esclavo fiel
estaré contigo en las buenas y en las malas
todo lo amargo te lo hare miel
volaremos juntos uniendo nuestras alas.

Siempre veras mi cara alegre
y buscando la manera de verte reír
un costal de alegría que te entregue
a tu mal humor lo veras partir.

Que lloviera o que tronara
o que el mundo se venga abajo
como buen esclavo a tu lado estará
lo entenderás porque es mi "trabajo".

Todo el tiempo tendré para esperarte
pasaran otoños, inviernos y primaveras
con ellas vendrán versos que pueda darte
para entonces espero… Que ya me quieras.

MENTIRA

Te sacaré de mi vida
ya no causaras dolor
mi vida será como antes
me calmara está herida el pudor.

La alegría se mirará en mi piel
cantaré como antes lo hice
gritaré, correré como antes
y la amargura con mis pies la pise.

El sol será mío otra vez
la luna romántica alumbrará mi noche
Seré feliz, como siempre lo quise
el viento a tu nombre no lo traerá sin reproche.

La verdad no sé qué me pasa
la vida este pozo otra vez me tira
en algún sentimiento se basa
porque todo lo que dije es una mentira.

ERES UN VICIO

Te miro y me miras
tu boca abierta me atrae
quiero tocarte toda
mis manos en la tentación caen.

Tu cuerpo esbelto
con mis manos lo acaricio
y nuevamente tu boca
llena la mía sin perjuicio.

¿Qué tiene tu boca?
¿Qué tiene tu aliento?
Que vuelves mi vida loca
haces perderme en el tiempo.

Eres una provocación
hacia la tentación el inicio
me embeleses como una canción
no hay duda eres mi vicio.

Nuevamente frente a frente
de una y otra forma quiero alejarte
por qué me mira tan raro la gente
es que no tengo lo suficientes para dejarte.

En un vaso con hielos
tu aliento puedo paladear
al probarte me desprende de los cielos
y nuevamente al vicio iniciar.

Cuando estas dentro de mí
pierdo mi desbastada incoherencia
incluso a todos les presumí
que soy el Dios de la Impaciencia.
Mis ojos pongo en blanco
y mi cuerpo como lo daño
¿El suelo se mueve o está blando?
No sé si saldré vivo este año.

El vicio de tomarte me mata
me niego a creerlo, pero así es
al tomarte mi mente sensata
mis cinco sentidos pierdo otra vez.

¡Loco otra vez! ¡Quisiera matarme!
esta vez de un solo trago te empino
¡Ya no te quiero ver más, márchate!
¡Por qué te conocí maldito Vino!

DIMINUTO MUNDO

El amanecer se adelantó
que la luna lo vino adivinar
que tu amor creciera tanto
que nadie se lo llego a imaginar.

El aire se dobló y tomo otro rumbo
para mirar que yo llegara
y un trozo de sol se clavó
en la oscuridad que la cegaba.

Diminuto mundo nuevo
que a otro tiempo fue negado
una vibra de mi pasión que muevo
porque siempre espere este bello regalo.

Regalo que ni con una fortuna
ni joyas que están por demás nombrar
sólo con amor, mil besos y la luna
es con lo único que se puede comprar.

La dicha y el amor me invaden
mi suerte y mi vida lo quieren predecir
en tres letras muy bien caben
con un "amo" te lo voy a decir.

Te amo amor, te amo tanto
que la felicidad que la muerte lo decida
que este sueño sobre el amor lo planto
y que recordare este día por el resto de mi vida.

HEROE

Soy un superhéroe escondido
que llegó en el momento justo
para salvarte la vida, me lo has pedido
y lo haré siempre con mucho gusto.

Protejo a tu mejor amigo
y lo cubro con mi manto
siempre llévame contigo
para cuando no seas un santo.

Soy el terror de las enfermedades
y te libro de un futuro compromiso
soy lo mejor de todo los males
fuerte, ágil, resistente, disculpen lo preciso.

Tu mujer sino me llaman no lo hagas
se fuerte, firme, decidida, piensa positivo
con tu seguridad tu sola te halagas
yo sé lo que te digo, porque soy tu héroe
El preservativo.

LA ACTRIZ

Señoras y Señores
y aquellas que no tengan cabida
sea lo que sea o sea lo que añores
este es el premio al teatro de la vida.
Es el premio más cotizado
que pocas personas lo ganan
más de alguno saldría insultado
y el resto nada más indagan.

Esta es la mujer que más cobra
catalogada como la mejor actriz
en la película que trabajo es una obra
se llamaba "La Profunda Cicatriz"
Premiada en los cinco continentes
querida y engañada por todos
que si le sobran pretendientes
para en sus obras meterlos hasta los codos.

Esta fue una historia que no crecerá
porque la mató la luz que la había formado
porque desde ahora sólo será
la reina de un sombrío pasado.
Una artista tan afamada
que se dio el lujo de la mejor obra realizar
donde ella sería la mujer amada
que talento tuvo para poderla rechazar.

por fin descubrió lo que siempre quiso ser
la heroína que la vida se amargo
que muy fácil cualquiera la pudo vencer
y que a Dios todo el peso le cargo.
¿En cuántas películas participo?
"Me asustas, pero me gustas"
"Perdidos y sin Teléfono" disipo
"40 y 20" la canción más justa.

"Frio y calor en el parque"
"Lágrimas tirando en el Camino"
¿Y la mejor de todas dirán, por qué?
"No me gustas Para Marido".
Esta última película salió muy tarde
porque el personaje principal mucho había trabajado
y la actriz que es muy fuerte hace alarde
no le importo lo que él haya gastado.

La actriz está en el escenario y se prenden los focos
recibe su premio, azorada piensa que fue un fraude
¿Qué paso con los aplausos que son muy pocos?
es que el teatro está vacío y soy el único que te aplaude.

ME ESTÁN MATANDO

No entiendo la razón
del sentimiento y del coraje
del porque mi corazón
se disfraza con otro traje.

Con cara de felicidad
siempre amable y sonriente
con supuesta tranquilidad
y estoy que me lleva la corriente.

Me siento desquebrajar por dentro
que ya me duelen hasta las sienes
será porque presiento
que en alguna mirada te enajenes.

Que tus ojos alguien mire
y se enamore por lo bello que son
que tú mismo aire respire
o que cante contigo la misma canción.

Que le guste tu caminar
que le sonrías y que esté contento
no me quiero ni imaginar
que llegue a desear tu cuerpo.

Que alguien toque tu mano
y se imagine otras cosas
lo sambutiré en el pantano
y encima de él, mil losas.

Dios ayúdame se lo pido
soy culpable de los anhelos
el pasado se fue y mi amor no lo mido
será por eso, que me están matando los celos.

DESESPERADO ESPERO

Los minutos y la ansiedad
juntos a la distancia son unos infames
reconozco que es mi necesidad
desesperado espero que me llames.

El tiempo no camina
el viento pasa y se burla
mi voluntad se termina
y la esperanza se aturda.

Ya es un minuto menos
¿Por qué se tardo tanto?
entiendo los minutos son ajenos
A ver cuánto más aguanto.

Me aturde como si fuera un aleteo
mis sentidos impacientes buscan la razón
son miles y un incesante golpeteo
cuéntalos, son los latidos de mi abatido corazón.

ME MIRARON

El sol brilla más este día
la flor en más bella que ayer
el río como nunca canta
y el aire tiene olor a perfume
las aves me miran y hasta sonríen conmigo
el césped parece alfombra de terciopelo
y estoy seguro que ahora mismo podría
tomar una estrella entre mis manos
volar con ella, tomar una nube y
usarla para dormir, me siento liviano
no siento cansancio ni dolor, es como si fuera
un lindo sueño del cual me niego a despertar
¿Pero porque me pasa todo este día?
¡Ya lo entendí!
Es que, me miraron tus ojos.

SEGUNDOS

Fueron sólo segundos
tu mirada se clavó en mis ojos
tu aliento entró por mi boca
y juraría que escarcha llovía
mariposas vuelan por mi espalda
sobre ti yo cabalgaba
hacia el cielo o algún universo lejano
mirar estrellas de colores
y todas en un puño las pude atrapar
juntos con un beso tuyo
juntos me vinieron a constatar
ya para entonces
las estrellas brillan igual que nuestros cuerpos
¡La fuerza de mil mares se apodero dentro de mí!
Tus blancas manos no se detienen
que joyas posee
que hermosa pulsera
¡Qué blancas perlas adornan tu mano!
Y la pequeña muerte que me llega
y tú a mi lado mirándome con ternura
con pesares pude abrir mis labios y te dije:
¡Cuánto te amo, amada mía!

MAYO 17

Bella muñeca tierna
de frágil porcelana
piel sensible eterna
que no le alcanza el mañana.

Tendida cual durmiendo
ojos cerrados a la luz
cierta inquietud se está yendo
y tu cuerpo formando una cruz.

Manos que tu piel recorren
sin prisa de conocer más
imagines que la pasión no borre
y a este amor ya no le temas.

Sigue cual tendida
esperando sólo el momento
pareciese que estuvieras dormida
más despierta que yo lo siento.

El momento a unos suspiros
con la ilusión de más de alguno
dos cuerpos después de varios giros
ya no fueron dos fueron solamente uno.

Había un sueño y recibí el doble
cambie a otro, escuche mi cantizal
fuerte impetuoso como árbol de roble
orgulloso como todo un mariscal.

Los detalles me los reservo
que los escriba algún día tal vez
en mi amor con celo los conservo
y que no diera por estar contigo otra vez.

NO PUEDO CREER

Creo que lo estoy recordando
sería de un sueño o de la imaginación
pero veo que vienes caminando
sobre notas de una canción.

Canción quien la escucha se enamora
melodía de ojos, boca y cuerpo
caminado que mi ilusión adora
con pisadas que no las borra el tiempo.

Bello sueño que deseo abrazar
trozo de encanto que mi ser conquistas
bella mujer que deseo besar
que no puedo creer que para mí existas.

¿TE SOÑÉ?

No estoy seguro lo que pasó
no puedo creer lo que viví
como imagen que se forma en el ocaso
Es que... Anoche en mi sueño te vi.

Juraría que te besé
y que mi espalda acariciabas
que a tu oído confesé
que en mi destino estabas.

Imagínate esto nada más
que te hice dos veces el amor
no pienses que son mis bromas
¿Pero de donde viene este sabor?

Si es igual al tuyo
cómo una flor de la mañana
cual si fuera un capullo
que de rocío se baña.

Mis labios están temblando
como si pudieran recordar
unos besos que tú les has dado
que sólo tu boca sabe bordar.

Que tus ojos me miraron
y decían tantas cosas
que tus ansias me cantaron
palabras y promesas maravillosas.

Mi ojo cerrare otra vez
para volar del cielo al abismo
y si tengo suerte tal vez
vuelva a soñar lo mismo.

NO TE ENAMORES

No te enamores de una mujer bonita
porque con ella alucinarás
es que la vida de otro color se pinta
te ilusionas y puedes perder al final.

Puede ser la cosa más hermosa
en donde Dios no se midió
harás por ella cualquier cosa,
le darás el doble de lo que ella te pidió.

Solo como loco reirás
lo peor mirarás mejor
de la tristeza nada dirás
el problema grande, será menor.
Te sentirás que de lo mejor luces
que hasta guapo te sentirás
a la hipocresía le haces cruces
tu alegría con nada medirás.

Pero a mí que me pasó
yo todo lo viví
creo que mi cuerda se cansó
no sé si poder sobrevivir.

¡Por qué ella, vaya que está Bonita!!
y tan hermoso su corazón
lástima que ella no se limita
a lastimarme con su razón.

Por ella lo di todo
por ella reventé mi candado
por más que busco no encuentro el modo
ser feliz y o quedar triste y abandonado.

No te enamores de una mujer Bonita
por más que te ilusiones, imagínate ahorcado
tomes lo que tomes, hasta agua bendita
quedarás triste, sólo y desamparado.

TANTOS AÑOS

Parece que escucho voces
que me atacan y reprenden
son palabras para que goces
que con lágrimas también se aprende.

Camino por un camino
buscando lo fuerte, firme y decidido
no la emprendas contra el vino
¿Para qué? Si de por sí, ya estas jodido.

Me faltan las fuerzas para seguir
mis ojos solo ven nublado
que difícil volver a construir
sobre flores que yo mismo había sembrado.

El sentimiento es elocuente
nací con él y no se arrancármelo
de nada me sirvió lo paciente
porque el celo hizo recomendármelo.

Escándalo, trifulca y desesperación
coraje, celo, odio y soledad
a todo esto, me lleva la comprensión
tantos años para de repente despertar.

LA ENCONTRARÁS

El cielo se despertó
y su luz divina te envía
tu rostro mostró un noble gesto
la calma en tu pecho se tendía.

Aire limpio lleno de fe
calma suave en tu ser regocijas
pisa tierra firme color de café
te harás más fuerte con el amor de tus hijas.

Camina lento pero firme
no te canses y sigue adelante
mantén firme lo que tu corazón estime
no mires a los lados y sigue avante.

Recorre el mundo que para andar se hizo
ahora corre vuela y se feliz
alcánzalo y has lo que sea preciso
no olvides que lleno de esperanzas llevaras tu beliz.

De entre las nubes la voz de Dios se escucha:
todo mi amor, por ti lo vertí.
ahora contra viento y marea lucha
o si lo quieres más fácil, sólo mira dentro de ti.

UN SÓLO MINUTO

Cuántas veces sólo te miro
lleno de nervios por hablarte
me conformo con un suspiro
lleno de deseos de amarte.

No sé con qué pagaría
que tus ojos me mirarán
todo mi amor te daría
y mis versos te mimarán.

Regálame un sólo minuto
y verás todo lo que tendrás
mirarás crecer un fruto
que en tu destino lo pondrás.

Sesenta segundos diminutos
suficientes para demostrarte
que la fortuna y el amor están juntos
en una canción para dedicarte.

Con pétalos formare tu camino
pintar canciones no será en vano
un aire nuevo nos traerá el destino
Y así seguros caminaremos de la mano.

La emoción invade mi sentir
es cómo si el amor una broma me está jugando
porque parece… sí, si me estas mirando.

SEGUNDO DE LOCURA

Qué extraño sueño estoy viendo
y parece tan real
la cabeza se me está volviendo
entre volcán y un manantial.

Las manos me llevo a la cabeza
el pelo lo jalo y lo aplasto
no sé si viva en mi certeza
o en vez de pelo tengo pasto.

De seguro en mi cabeza tengo hormigas
y todas amontonadas me presionan
hay buenas, malas y enemigas
claro puedo ver, como con el dolor avanzan.
Los ojos los cierro y los abro
las imágenes van y vienen
pareciera que las nubes labro
y formo lo que a mí me conviene.

Los dientes los tengo cansados
por la mandíbula presionada
el humor se ha ido por los lados
creo que se fue con la manada.

Mis manos desesperadas
conmigo quieren acabar
me amenazan las veo alocadas
porque mi cuerpo lo quieren lavar.

He perdido el sentido
las incoherencias las miro volar
¿Dónde mi reloj se ha metido
el corazón se puede colar?

Es un pequeño charco
de un brinco lo pasaré
de mis venas sale un arco
es de sangre que un lago formaré.

Mi inútil físico
una metamorfosis está sufriendo
alguien de la granja dirá: que rico
como cerdo me estoy poniendo.

En el lodo quiero tirarme
para saber a qué sabe
quisiera de la piel pelarme
y ver si en esta botella cabe.

Total, mi piel nunca ha dormido
para nada la necesito
la pondré en un plato servido
y que todo prueben lo exquisito.

Mis labios se han resecado
mi boca está entre abierta
en mis labios aceite de tercer grado.
si la coso con aguja ¿Crees que se sienta?

¡Maldita idea vuelve!
no te lleves lo que no es tuyo
que fuerte el aire que me envuelve
fácil un tornado lo construyo.

Mis piernas no se detienen
se mueven de un lado para otro
¿Será la curiosidad que tienen
por las ramas que les broto?

Quizás en otro cielo
o en esta misma dimensión
habrá una medicina de hielo
que repare esta situación.

Alguien por ahí grito
yo sé de tu medicina
no me muevo, pero ahora brinco
en pensar en la que se me avecina.

Tu medicina esta en los colores
que a presión se ponen
según ella no le gustan las flores
en los que viajas te los componen.

Usa de los colores de más brillo
entre uno y otro llévalos atar
pero no mezcles el azul y el amarillo
por qué ese color te puede matar.

¿Entonces dónde está la curación?
¿Necesito al genio de la botella?
¿Crees que tenga todavía salvación?
"No sé eso, sólo te lo puede dar ella"

SERENATA

Escucha esta serenata
de mi humilde inspiración
que de cada suspiro se ata
por cada latido de mi corazón.

Cada latido es una nota
que por ti está cantando
otra vez mi sentimiento brota
por el pensar que me estas escuchando.

La noche amenazante
me acosa con lo fresco
yo sigo en mi papel de cantante
ya una mirada tuya creo que la merezco.

Una luz enciende mi emoción
disipa de mí el mínimo de mis enojos
late más fuerte esta sensación
por la luz que viene al abrir tus ojos.

Luz que todo lo ilumina
incluso la más mínima intención
y me señalan algo bello que se avecina
el precioso camino a tu corazón.

Entraré a él con mis canciones
cómo caballo que en el llano se desboca
por supuesto traeré conmigo mis pasiones
porque me dirás; te quiero y besarás mi boca.

Un beso de lo más hermoso
cómo soñé amaneciendo un día, en una oración
la vida nos espera con algo precioso
caminaremos y cantaremos desde ahora la misma canción.

UNO DE ESOS SERES

De que privilegios gozas
que ahora esto te pueda aguantar
es tanto esto y otras cosas
tantas que no las puedo juntar.

¿Qué acaso eres
la reina de algún sueño?
o eres de esos seres
de algún cuento sin dueño.

Quizás sea el color de tu piel
o el encanto de un trozo de tu rizo
Serás que te bañas en miel
¿o el duendecillo de algún paraíso?

Fuente y manantial de placeres
mi fortuna y mi amor te vinieron a escoger
ahora entiendo que eres unos de esos seres
que por nombre les llaman mujer.

A LA CHAPARRA

Recuerdo con emoción
dentro de mi inocencia sana
le pedí a mi madre un corazón
y me regalo a Paty mi hermana.

Con muy poca diferencia de edad
siempre alegre y sonriente
nunca supo lo que era vanidad
porque siempre fue una mujer inteligente.

Como todo ser humano
con defectos y virtudes
nunca nos negaste tu mano
a pesar de que todos teníamos diferentes actitudes.

Aun así, nos tomaste de la mano
y como tal, no te juzgo los errores de tus labios
sólo te digo que el errar es de humanos
pero es mejor corregir, porque es de sabios.

Imagínate que cada quien vivimos en domos
y cada quien hace de su vida un pino
porque cada uno de nosotros somos
los que construimos nuestro destino.

Tú te formaste una vida
aquel se formó la suya
Tú y tu familia los llevas de subida
y los demás que la de ellos construya.

Con el tamaño que tienes
y la vida un gran corazón te añade
tu posición es muy clara y la mantienes
Que para todos nosotros eres nuestra madre.

MI PARAISO

A mi mente la tengo ocupada
todo el tiempo piensa en algo
mis pensamientos vuelan en parvada
de tu lindo recuerdo me valgo.

Me emociona el pensarlo
cómo en mí, tú, piensas
no es fácil cesarlo
para que mi soledad venzas.

De alegría llena de vida
mil colores puedo mirar
qué importa que la ira diga
que al vacío me debe tirar.

Me tiraré mil veces
entre rocas y espinas secas
sé que la vida me pagará con creces
si al vacío voy, conmigo entras.

Que el vacío este muy hondo
mujer si hay oscuridad
que no se vea el fondo
por fin estaremos juntos en la soledad.

Entonces así solos
nos amaremos sin recato
se unirán dos polos
y nuestro amor se comprometerán en un trato.

Volaremos a otro mundo
entre besos y caricias
las estrellas las confundo
con tus ojos que me envicias.
Ya no necesito el vacío
para amarte como te estoy amando
aquí afuera te ansío
sólo necesito estarte besando.

Con sólo el roce de tus labios
se me eriza la piel
ya no están fríos, si no tibios
en mi boca y tu sabor a miel.

De ti quisiera empalagarme
amarte hasta que me canse
al paraíso quiero largarme
pero allá, que tu boca me alcance.

En el paraíso me quiero quedar
alegrías con mis besos los ligo
a nuestras vidas otra oportunidad dar
y lo que más deseo, el vivir contigo.

SI HABLARA

Cuando te tengo tan cercas y nos miramos me acerco a ti
cierro mis ojos y te traigo a mí y te beso,
un beso largo y profundo, puedo sentir mis labios temblar
al contacto de los tuyos, es por el amor
que le pongo en cada beso
te separo y me sigues viendo,
incrédula de lo que te estoy haciendo
pero aprovechó un descuido tuyo
y te traigo otra vez con más pasión
con más ternura, no quiero abrir los ojos,
porque me perdería
lo que estoy sintiendo y no lo quiero perder,
¿Cuantos besos nos habremos dado?   ¿5, 10, 20?
No lo sé, pero han sido muchos, quiero que beses,
quiero que me acaricies,
quiero que me toques.
¿Qué pasa? ¿Por qué no dices nada?
¿Puedo besarte? ¿Puedo tocarte?
¡Dime que sí! Dime que quieres que lo haga
dime que me quieres
ahora entiendo todo, todo sería
más fácil, si tu foto hablara.

SUAVE SOMBRA

Que suave sombra nos cobija
la clandestinidad nos protege
si nos miran que no nos aflija
por qué de estos momentos la vida se teje.

Cuando te tengo de frente
los nervios me traicionan
la noche y lo prohibido nos consiente
ningunos como nosotros se emocionan.

Cuando el sol se retire
y la noche me cubra
por la ventana al paraíso entrare
sigiloso que nadie me descubra.

Tus ansias con las mías se juntan
cada cuerpo pedirá lo que necesita
mis manos sobre tu piel volarán
tu deseo en mi cuerpo se precipita.

Será un viaje corto
el tiempo nuestro enemigo
la noche nuestra pasión soporto
las horas vuelan y yo las sigo.

Vendrás en este placentero vuelo
tu cuerpo y mente llegarán a la gloria
nuestros pies ya no tocarán el suelo
mi pasión y agua abundante que viene de la noria.

El tiempo se diluye
un cuerpo se derrama sobre el otro
mi piel a la tuya la apabulle
y de un sólo golpe mi cuerpo lo broto.
¿Por qué no hable de beso?
Por qué nos los pude contar
mi boca solamente lo pensó
otra vez mi pasión me viene a brotar.

El tiempo se nos vino encima
yo a él me uno
que sensación nos lleva a la cima
ahora somos dos, hace minutos sólo uno.

Una rápida despedida
un beso corto pero lleno de amor
con este momento se me carga la vida
momento lleno de candor.

Son difíciles las despedidas
pero antes necesito decirte algo importante
la palabra "amante" no es bien recibida
por el amor que tengo es "Amar-te".

TARDE DE MAYO

Parece que acaba de suceder
lo recuerdo y lo vuelvo a sentir
por supuesto que lo quisiera presumir
pero a mi memoria no se lo puedo conceder.

Lo recuerdo tan exactamente
detalle que en mi vida se grabó
la angustia y la duda se acabó
recuerdo bello que quedó en mi mente.

Tarde despejada de mayo
dos ansiosos por conocerse
un cuarto y la emoción desaparece
una locura que desde entonces no callo.

Qué momento nació
tanto amor detenido
tanto deseo reprimido
que de mi vida se vació.

Por fin nuestros cuerpos se encontraron
mi piel a la tuya conoció
mi sudor a tu cuerpo lo roció
y mis besos y caricias en ti penetraron.

Tan presente como grabado en cemento
tarde de mayo que mi semilla sembré
que quedará en mi corazón para siempre
hoy que recuerdo aquel bello momento.

ME MIRO EN TUS OJOS

Roso tu piel
y la mía está temblando
roso tu piel
de emoción mis ojos están llorando.

Miro tus manos
y quiero tocarlas
miro tus manos
no puedo alcanzarlas.

Toco tu pelo
me emociona hacerlo
toco tu pelo
y quiero revolverlo.

Siento tu aliento
y penetra en mi cuerpo
siento tu aliento
ojalá que nunca se acabe el tiempo.

Me miro en tus ojos
y siento entenderlos
me miro en tus ojos
por favor, no quiero perderlos.

ROSA ESTRELLA

El tiempo ha pasado
pero nuestra amistad sigue creciendo
y aunque el andar cada vez es más pesado
de una forma u otra nos seguimos riendo.

La vida nos pone pruebas
unas nos alegran, otras nos enojamos
otras en tu morral las llevas
pero gracias a eso maduramos.

Me gustaría que llevaras esto contigo
un pensamiento que te va a confortar
porque te quiero por eso te lo digo
dios nos da sólo, lo que podemos soportar.

Piensa nada más, lo grande que eres
desde el cielo, algo divino, para ti destella
llevas en ti, dos hermosos seres
la belleza de una rosa y el brillo de una estrella.

TÚ NO ERES

Cuánto tiempo más
este dolor poder aguantar
creo que está por demás
que tu conciencia a mi amor acatar.

Nuevamente mi tristeza
de mí se apoderó
entiendo con certeza
que mi amor a tus caprichos toleró.

La vida me comprende
que el amor no es así
cada lágrima que se desprende
con un llanto de énfasis.

A quién le puede doler lo mío
mi dolor ¿A quién le importa?
de todos modos, ya estoy vacío
y a llorar, tu sinceridad me exhorta.

Ya todo está por demás
aunque al mundo lo tenga de adversidad
ya no tengo a quien escribir, no tengo temas
comprendo, que tú no eres, mi felicidad.

AMOR VARADO

Que frio me cubre
que angustia tan pesada
las sienes me explotan
por la vida que queda varada.

Camino y no avanzo
miro al horizonte y no llego
el amor camina a mi lado
es un amor que me cegó.

Mi corazón se revienta
ya no le cabe más amor
veo las ilusiones empañadas
que dios me haga un favor.

¡Ayúdame ahora con esto!
por un lado, no quiero dejarla
porque por ella he vivido
y por otro lado quiero olvidarla.

Ya no sé, ni dónde piso,
ya no sé, ni para donde caminar
ya voy y ya regreso
una tortura que nunca pude imaginar.

Me siento débil
me siento fuerte
la vida se expira
¿Dónde quedo mi suerte?

Nunca imagine tanto amor
que en mi pudiera existir
hincado nuevamente rezo,
A Dios le vuelvo a insistir.
Dios apiádate de mí
que de mi amor deseo desatarla
te prometo no volver amar así
es por este miedo que tengo de amarla.

ME HACES SENTIR

¿Qué porque presiento tu mirada?
¿Qué como puedo distinguir tu aliento?
¿Por qué tú recuerdo me llega por la madrugada?
El sólo pensar en ti, se aleja el lamento.
porque cierro mis ojos y te miro
estiro mi mano y ahí estás
cómo loco en la soledad sonrió
y en silencio mis dudas contestas.

Con mi mirada te pregunto
con tus manos me respondes
todas mis emociones junto
y en mi corazón las escondes.
para con ellas quedarte
y a tu amor apabullas
con ellas puedes consolarte
porque mis emociones son tuyas.

Que grande me haces sentir
por la forma que tu amor me lo ofreces
nuestro corazón no se puede mentir
y por lo que hemos pasado ahora son pequeñeces.
yo en ti confío y tú en mi confías
a un mundo de amor será nuestra partida
y como oración la tendré todos los días
te amo y te amaré el resto de mi vida.

TRES REGALOS

Podría haber sido cualquier día
quizás alguno de los olvidados
y como si fuera un homenaje
te traigo estos tres regalos.

Con el primero te quiero dar
cuando el sentimiento me atrapa
cierro los ojos y te miro
y una lágrima se me escapa.

El segundo viene a ser
como el color del aire que respiro
se me llena el corazón
y a tu nombre con un suspiro.

el tercero no podría faltar
al frente de mi amor sincero
con un suave grito te lo digo
que no te imaginas cuanto te quiero.

¿Aceptas mis tres regalos?
¿Me aceptas como compañero?
Y te prometo darte todos los días
una lágrima, un suspiro y un te quiero.

SUEÑO O HISTORIA

Empieza por hacer historia
con la incertidumbre de lo real
no sé si fue sueño o historia
o una ilusión envuelta en coral.

Parece que fue cierto
porque mi boca tiene tu sabor
es palpable o incierto
ya recuerdo a mi cuerpo le viene tu calor.

Calor sin volcaduras
encuentro sin previa cita
necesidad sin ataduras
Y un corazón que te lo dice y te lo grita.

Pasión de carne y hueso
ternura llena de caricias
candor a granel de beso
agilidad de unas pericias.

Con mirada encantadora
a veces perdida y otras penetrante
movimientos de niña exploradora
y otras de mujer galante.

Mezcla de cielo e infierno
adornada de parpadeos y destellos
se juntaron el verano y el invierno
y entre nuestros labios tus cabellos.

Besos largos y húmedos
paladeo tu cuerpo antes que se me esfume
como agua que filtra en mis dedos
de sudor y un suave perfume.

Líquidos tibios y abundantes
clara muestra de esta razón
cuerpos desnudos de dos infantes
hombre y mujer perdidos por esta pasión.

Dos ríos desbordados
ansiosos de un amor eterno
ya no serán los de antes
ha nacido algo bello y tierno.

Amor puro y sincero
sin malicia y sin mentira
ofreciendo el corazón entero
a un amor que nunca expira.

Parpadeo un ligero movimiento
abro los ojos y veo la claridad
¡Lo traigo todos los días, no miento!
Porque fue mi sueño hecho realidad.

TRITURA DE LA VIDA

Arráncame la vida
destrózame en mil pedazos
martirízame con envidia
ahógame en tus brazos.

Mátame despacio
asesina mi alma
a puñaladas me vacío
descuartízame con calma.

Ahórcame en tus sueños
atenta contra mi corazón
las muertes ya tienen dueño
el suicidio es mi solución.

Mutila mi esperanza
tritura mis sentimientos
realiza así tu venganza
y disfruta de mis tormentos.

Hazme todo lo que quieras
pero por piedad no me dejes
si sangro me miras
si me corto las venas no te quejes.

Porque si me dejas
el corazón desgarra mi esperanza
la esperanza destrozara mis sueños
mis sueños desangraran mi alma
mi alma perderá mis sentimientos
y sin sentimientos me estorba la vida.

TU MIRADA

Es difícil de explicar
con una voz calmada
cuando te llegas a encontrar
a esa persona soñada.

Con tan solo un instante
vi tu ternura delicada
mezcla de mujer e infante
en lo dulce de tu mirada.

TESTIGA

Viene de un pensamiento
de un momento que vi
recuerdo bien tu aliento
un sabor que nunca lo viví.

A donde volteo te miro
tu rostro donde sea lo veo
alcanzó a sostener un suspiro
si no te miro, mi día es feo.

Aunque sea de lejos
Mirarte quiero
Será una luz o será tu reflejo
te admiro y no existe, ningún pero.

Quisiera ser un mago
para el tiempo estirarlo
o aparecerte en un lago
y nuestra promesa de amor al aire tirarlo.

Con sólo mirarte tengo
y mi corazón en mis manos
con un ramo de flores vengo
y con tu voz una canción cantamos.

No te detengas y sigamos caminando
con un beso la esperanza nos abriga
mira al cielo alguien nos está mirando
es la luna de nuestro amor única testigo

VELARÉ

Yo velare tus sueños
descansa, si sueñas ahí estaré
y si despiertas a tu lado esperaré
No te preocupes por nada
yo sabré cuidarte
yo sabré quererte
yo sabré amarte.

FLORES OLVIDADAS

Flores olvidadas de un Viejo jardín
flores olvidadas que no tuvieron fin
hojas secas que el viento revuelve
hojas secas que a la vida no vuelven
cielo triste de gris sombrío
cielo triste que no dejó el rocío
alma muerta que se le escapo el espíritu
alma muerta porque ese día te fuiste tú.

LA CARTA

Algo me está sucediendo
siento un raro mareo y cansancio
pero mi cuerpo sigue corriendo
escapando de lo rancio.

Mil papeles con mil poemas
contra una carta en diez años
es como comparar las gemas
con las promesas y los desengaños.

Sólo fui el motivo
de una respuesta muy rara
para darte la fuerza y lo positivo
para que él te valorara.

Sólo estoy de paso
y camino con mis manos en la cara
alguien lo dijo, pero no hice caso
que por favor no me enamorara.

Pero haré lo que nunca he hecho
aunque lo reconozca lo haré sin remedio
porque la vida se me saldrá por el pecho
concederé mi lugar y me quitaré de en medio.

Con un nudo en la garganta
y tragándome a puños mi dolor
una oración que mandé al cielo en una carta
para que Dios bendiga para siempre este amor.

MENTIROSA

Mi mente no puede concebir
se perturba y callada solloza
no creo lo que he podido vivir
no te lo creo mentirosa.

Dime con qué derecho
tus manos mi piel la rosa
no te creo, tu conmigo en el lecho
no te lo creo mentirosa.

Que he mirado de tu alma el color
que eres amiga, amante y esposa
¡Porque me juras que te he hecho el amor!
empiezo a creerte, preciosa mentirosa.

NO SE DIO

Recuerdo claro el día
en que tus ojos me vi
escucha arpas y campanas
algo que nunca viví.

Parecía que de otra vida te conocía
sabía que ya te había visto antes
que la vida nos pagaba
lo que nos debía desde infantes.

Te ofrecí el más hermoso ramo
escogí las mejores canciones
te ofrecí lo que nadie te daría
y con sangre grabe las mejores ilusiones.

No sé qué paso con todo esto
que rápido ha sucedido
no te tengo y estoy acabado
no me explico el por qué no se dio.

Aquel ramo hermoso ya se seco
las canciones suenan muy diferentes
mis promesas se han desmoronado
mis ilusiones te son indiferentes.

Por algo suceden las cosas
de alguna manera crece la gente
no debo quedarme así
levantare la mirada y seguiré de frente.

TRISTE LUCERO

Se ve triste el lucero
su alegría donde se escondió
¿Se cansaría de andar en su sendero?
O quizás su amor se rindió.

Se ve triste y apagada
sus ilusiones ya no las cuenta
su tranquilidad se encuentra desgastada
y no a los jolgorios se presenta.

Su voz ya desganada
su andar no es el mismo
con su mirada extraviada
se asemeja a un cataclismo.

¿Dónde quedaron tus sueños?
¿Dónde sepultaste el Amor?
¿Dónde quedo lo risueño?
que hasta tu piel cambio de color.

Queda una gota de esperanza
la conservo como reliquia en un sobre
es mi amor que te espera y no se cansa
que lo guardo con celo en mi humilde cofre.

VETE

Mi boca seca y pensando
el no puedo creer, no termina
por más que busco no encuentro
en lo que se acerca una silueta femenina.

Me parece familiar
pareciera que en un sueño la vi
pero lo único que recuerdo
que un mal sueño viví.
Al verla me vienen muchas imágenes
creo que ha de ser mi imaginación
porque no creo que alguien
se enamore con una canción.
Las imágenes vienen distorsionadas
aparecen bocas diciendo: te quiero
manos femeninas que acarician
y miradas que provocan miedos.

Esa silueta que cuando camina
una fuerte tormenta provoca
como les he dicho antes
todo sale de una mente loca.
La voz femenina habla
bruscamente me devuelve a donde estoy
me lo dice con ignorancia
en la que estás pensando yo soy.
Mis ojos un tanto nublado
piden ayuda a mis sentidos
¿Esa voz donde la he escuchado?
Unos a otros se quedan confundidos.
Se culpan unos a otros
que este o aquel lo deben de saber
ya a nadie le interesa que paso
quizás la piel lo recuerde, es su deber.
La piel sin mucho afán
contesta sin euforia
a mí para que me preguntan
si la piel no tiene memoria.

Todos se quedan callados
una débil voz en la sombra se ha anidado
todos respetuosos la escuchan
sale de lo oscuro un corazón olvidado.
creo que yo si la conozco
porque sólo su voz escuchaba
recuerdo las ilusiones que me hizo tener
que todo mi espacio ocupaba.

Me llene tanto de sus palabras
y me formé razones y metas
pero tanto fue que ya no cupieron
que ahora mírenme que tengo grietas.
Cada grieta fue dolorosa
se desgarraron mi carne y mis ilusiones
una a una se fueron saliendo
y sólo me dejaron tristes decisiones.

Ahora que la escucho otra vez
sentí sal en mis gritas
alguien por favor que me diga
que se vaya con todo y maletas.
No quiero volverla a oír
porque no vamos del mismo lado
yo siento una cosa ella otra
yo que me quemo, y ella lo helado.
De que me sirve su belleza
de que me sirve su juventud
si todo el tiempo me mantuvo
en esta terrible inquietud.

Prefiero estar en la sombra
no quiero otra vez dándome
las falsas ilusiones, que es
porque va a terminar matándome.

Vete por amor de Dios
ya no lastimes más mi vida
te juro que no te guardo rencor
y que Dios tu vida decida.

VIEJO PRONTO

Me voy hacer viejo pronto
te has de preguntar por qué
quizás esto te parezca tonto
antes que mi deseo se ahorque.

Mi tiempo lo estoy quemando
por cada día que pasa
mi sueño no se ha acabado
por mi esperanza que se amasa.

Me voy hacer viejo pronto
por las ganas de volverte a ver
en mis arrugas en tiempo noto
que son ansias de verte, que llega arder.

Me voy hacer viejo pronto
queriendo que el tiempo vaya más rápido
sólo me engaño, sólo me hago tonto
algo de paciencia al tiempo le pido.

Me voy hacer viejo pronto
por el tiempo que estoy matando
todos los relojes he roto
para que el tiempo siga pasando.

Me voy hacer viejo pronto
parece que ya me estoy acostumbrando
contantemente beso tu foto
y sabes una cosa, ya me está gustando.

SI LO HACES, LO HARÉ

Si me he ilusionado, te ilusionaré
si me has mirado, te miraré
si me has tocado, te tocaré
si me has besado, te besaré
si me has amado, te amaré.

Pero si no me has amado
no sé qué hacer.

Si no me has querido, yo sí te quise
si no me has besado, yo sí te besé
si no me has tocado, yo sí te toqué
si no me has mirado, yo sí te miré
y si no te has ilusionado, yo sí…me ilusioné.

SÓLO

Cierro mis ojos a la luz
y comienzo a imaginar
el desprenderme de mi cruz
y en un deseo juntos caminar.

Que la noche ha terminado
y la vida nos espera
que en mi lecho has despertado
y que mis manos son enredaderas.

Tus ojos miran abrir
y soy el primero que miras
parece un día de abril
y cómo sus flores respiras.
Te pegas a mi pecho
y tu boca por fin cedía
con un murmullo al acecho
y el primer te amo del día.

Un murmullo delicado
acompañado de un beso sin condición
lleva un mensaje y va dedicado
que lo has enconado en mi corazón.

Te abrazo y te beso
igual tú me correspondes
vibra hasta el más pequeño de mis huesos
¿Tantas caricias, donde las escondes?

Es increíble tanta dicha
parece que cantan mil coros
en una fogata tiré mi desdicha
ahora nuestro amor nos sale por los poros.

Cuanto beso, cuanta caricia
de repente mi ilusión se sale del vaso
es que mi amor lo hizo sin malicia
porque me desperté y solo me beso y solo me abrazo.

MIRARÁS POR MIS OJOS

Como quisiera que miraras por mis ojos
y sintieras unos segundos que tormento estoy pasando
como hasta el aire que respiro me quema
como arde cada lágrima que lloro
¿Cuantas he llorado? No lo sé
solo sé que siento desesperación, angustia y celo
y lo peor de todo, que no sé qué me espera
¿Qué estarás tu pensando?
¿Qué estarás sintiendo?
¿Estarás igual que yo?
O lo estas disfrutando.
no sé, pero es parte de mi desesperación
es parte de mi martirio, ojalá este sacrificio
traiga algo bueno, esta muerte lenta nos ayude
sólo una cosa tengo claro
que te amo y te amaré toda la vida.

DESPERTAR

Entre montañas llenas de nieve
tímidamente el sol se asoma
otro día lentamente viene
las nubes nuevamente toman forma.

Muy seguros vuelan en los altos
escandalosamente pasan
una bandada de patos
alegres y fuertes en su vuelo danzan.

El cielo azul claro
viento suave que acaricia
la luz de la noche se aclaro
la vida otra vez se nos inicia.

Fortaleza de arboles
impetuosos se levantan
las pequeñeces de las flores
con sus colores parecen que cantan.

Campo tapizado de verde
rocío que en la flor se poso
polen que el viento cierne
miel que la abeja gozo.

Amaneció y sacio el hambre con el trigo
aves de felicidad escucho cantar
una oración al cielo le digo
gracias a Dios por dejarme despertar.

VOLVER A NACER

Abro mis ojos y levanto mi vista
agradezco a Dios que vuelvo a nacer
mi corazón en silencio grita
gracias por encontrar este bello ser.

Amanecer limpio y claro
con la frescura de la juventud
que a nadie se le haga raro
que el amor es mi esclavitud.

Esclavitud que añoraba
donde son dos los que se encuentran
donde son dos los que se aman
y en ese mundo de esperanza entran.

Entran buscando su sueño
y la vida con uno los esperaba
para nosotros no es nada pequeño
para nosotros este sueño se realizaba.

Algo tan grande y tan fuerte
algo tan blando y tan duro
algo tan bello y sin muerte
algo tan limpio y tan puro.

Gracias Dios por todo esto
mi deuda contigo sigue creciendo
ahora ya tengo un nuevo pretexto
a un lado de ella te estaré viendo.

SARAHI

Les contar una historia muy corta
del nacimiento de una flor
creo que más de alguno si le importa
porque nació del fruto del amor.
ya fueron hace algunos años
que este pedacito de cielo nació
que la confundimos con el algodón y los paños
la soledad y la tristeza nos la vació.

Siempre con locuras y ocurrencias
siempre llamando la atención
le ha costado ganarse la paciencia
lo ha aprendido con cada tropezón.
baila, grita y se le ocurre cantar
corre, vuela, sueña y también sabe llorar
porque su corazón ya se sabe enamorar.

Que no quisiera darte
pero te lo digo en una canción
aunque por la distancia algo se me parte
es con lo que te quiero mi Corazón.
Te mando mil bendiciones
el sol y la luna son sólo para ti
no olvides de todas mis razones
porque te quiero mi pequeña Sarahi.

APRENDER A ESPERAR

Usaré la paciencia de las nubes
y la clama del mar dejarte
con el silencio de un templo
para aprender amarte.

Tomaré de ejemplo al tiempo
para poderme esmerar
y escuchar de mis adentros
las ganas de aprender a esperar.

Que vale la pena, lo sé
porque eres agua que mi amor bebía
ya que no será difícil, por qué
Porque eres lo que la vida me debía.

El tiempo siempre sabio
pone las cosas en su lugar
me ha enseñado esta vez
que con la ansiedad no se puede jugar.

Ahora más firme y decidido
mi amor viene con noticias nuevas
que no importa el tiempo que fuere
espera tu voz para cuando tú puedas.

VIENTO

Amanecer por la tarde
cuando el día en plenitud
el sol está que arde
y cada minuto es una inquietud.

Pájaros que vuelan retosantes
aire limpio que con nada se detiene
hojas de árbol que pasan danzantes
y el cielo un secreto previene.

Avanza el viento sin recato
acariciando todo a su paso
las nubes estarán ahí solo un rato
que bajaran del cielo raso.

La flor que espera al viento
con suavidad abre sus pétalos
con ternura como si fuera aliento
y paciencia a la calma darlos.

El viento sigue su marcha
el sol con el tiempo lo asocio
flor salpicada de escarcha
flor bañada de rocío.

Agua abundante que viene de la noria
manantial de agua fresca
sensaciones que te llevan a la gloria
y con fuego, que buena mezcla.

Flor que recoge sus pétalos
viento que regresa de donde vino
a la ley de la vida se acoge
total, ya conoce su destino.

TARDE

Quisiste que nos alejáramos
si es tu gusto lo cumpliré
olvidemos el camino que sembramos
aunque sé que de esto me arrepentiré.

Es imposible olvidar tantas cosas
es difícil olvidar tus besos
de tantas caricias hermosas
del miedo me duelen hasta los huesos.

Cambiaría el color del cielo
las nubes a la historia pasaran
tu pelo serán hilos de hielo
los días y años no pararan.

El tiempo en ti se montó
mi tiempo no se ha detenido
siento que duermo, parezco un tonto
lo único que entiendo, que estoy tendido.

Mis ojos se han apagado
en más ilusiones no pensaré
tus sollozos tristes y desencajados
tu ruego ya no escucharé.

Entonces con tus años a cuestas vendrás
yo mirarte ya no puedo
en tu cuerpo y corazón sentirás hiedras
cuando me veas frio y que casi muero.

En tu mente escucharas
que tarde has venido a mi
tu sola te lo reprocharas
¿Por qué nunca pensé en mí?
Cuando nadie escuche tus gemidos
cuando nadie cure tus heridas
dentro de ti escucharas ruidos torcidos
serán cantos que se quedan sin sus vidas.

Tus pasos lentos y cansados
y por doquier hojas secas de llanto
tus ojos de lágrimas razados
escucharas mi voz como la de un santo.

¡Por qué fuiste tan ingrata!
cuánto amor nos hubiéramos dado
cuántas veces te dije: ¡Trata!
Nunca, sólo me sentía abrumado.
ahora llorarás sin consuelo
Tu tiempo con el tiempo te castigo
Viejas ilusiones verás por el suelo
y lamentos de lo que pudo haber sido conmigo.

Cuando visites mi triste tumba
y un recuerdo en tu corazón te arde
un mensaje te traerá el aire que zumba
¡Que tarde has vuelto mujer, que tarde!

UNO DE TUS BESOS

No sé con qué pagaría
la sonrisa de tus labios
si quieres mi alma la vendería
con tal de hacerlos míos.

Ya siendo solo míos
como los voy a besar
entre ellos armarme unos líos
líos que te hagan pensar.

Probarás lo nuevo
que mi boca te enseñará
a la aventura que te llevo
sintiéndote que soñarás.

Te volverás una adicta.
te sentirás una loca
tu deseo te lo dicta
que quieres besar mi boca

Tu labio acosador miré
que me lo pedirás de desayuno
para comprobártelo solo te diré:
sólo necesito que me des uno.

COFRE

Ojos trocitos de cielo
boca que endulza la mía
cuerpo que cuido con celo
corazón que al mío confía.

Manos de alas de ángel
piel color de alegría
pies que encontré en un anaquel
mujer que todo me daría.

Mis manos te doy
aunque un poco ásperas
y los pies con los que voy
a un mundo nuevo que conmigo veras.

Mis ojos míralos y tómalos
ve tras de ellos lo que tengo
mi corazón y mi alma son tus regalos
que dentro de un cofre que con celo mantengo.

Cofre que cuido con mi alma
cofre que cuido con mi vida
cofre que guarda toda mi calma
cofre que abriré hasta que usted decida.

PIEL DE VAINILLA

Piel de vainilla
que mi amor arrodilla
ojos de color claros
y los míos son raros
boca sabrosa
que provoca otra cosa
cuerpo de sensación
que me exige la tentación
cara graciosa
que me obliga a decirte preciosa
los limites te viniste a pasar
lo único que deseo, poderte abrazar.

AMIGA

¿Hola cómo estás amiga?
yo con algo de miedo
algo de adentro quiere que lo diga
y que ponga mi llaga en mi dedo.

Amiga cada vez te necesito más
pareciera que a ti me estoy acostumbrando
es un sentir que cada vez más quemas
que mi castillo de ilusiones miro desmoronando

Amiga mis sueños se han congelado
como broma de una pesadilla
donde cada paso veo truncado
que contemplo triste desde una silla.

Amiga con todo esto que me está pasando
cada vez es más agradable tu compañía
estaré loco o el cerebro me está fallando
pero estar contigo se me está volviendo una manía.

Amiga ya llevas tiempo a mi lado
sólo tú me entiendes por completo
que piensen lo que piensen contigo me he bañado
y de tus besos y caricias me has dejado contento.
Amiga en ti no dejo de pensar
porque me has demostrado tu lealtad
me comprendes y conmigo cuando voy a rezar
porque nunca me harías daño a ti te amo amiga soledad.

YO NO SERLO

Me tomo sólo unos minutos
para poder tocar mi sentir
que con el dolor están juntos
y cargo con tristeza el querer partir.

Me duele el tener que admitirlo
estos años lo que he despilfarrado
mi garganta se cierra para no decir
que de tristezas ya estoy cansado.

Tengo que decirlo o exploto
es algo tan parecido a la muerte
tu conformismo, mi corazón lo noto
de que mi Amor no te ha hecho fuerte.

Tú misma has sentido lo mismo
me duele, como no te imaginas reconocerlo
cuando comprenderte lo hice un modismo
me doy cuenta, ese hombre yo no serlo.

Aquí viene la tristeza otra vez
de la mano de la desesperación
con una posible solución tal vez
pero tu sinceridad no me tiene compasión.

Con este nudo en la garganta
a tu corazón y cuerpo los amo, no lo duden
pero tu amor a tu ego todo le aguanta
ojalá que los ángeles y Dios si te ayuden.

YA VIENE LLEGANDO

Qué raro me estoy sintiendo
de repente esto me llego
a qué lugar me estoy metiendo
creo que el tiempo ya se me negó.

Miro así arriba y no entiendo
porque a color negro está cambiando
una nube mi cabeza está cubriendo
ya mi canto poco a poco está bajando.

Me siento en una fosa grotesca
como un residuo de cristal
sin transparencia, opaco, como les parezca
mi juventud la veo detrás de un vitral.

Mi vereda seguirá
no pude salirme de ella
mi ojo por la sombra se guiará
antes no se me apague mi estrella.

El verde del pasto me entristece
quizás mis ojos lo verde ya no verán
ahora mis años me vence
por los días que ya no vera.

Sólo mis huellas van quedando
la vida pronto se ira
mis lentos pasos se van cansando
el cansancio de los años me seguirá.

Quizás mis huellas sirvan de algo
flores en ellas puedas sembrar
tomas las semillas, de ellas me valgo
si las cuidas, vida nueva podrás labrar.
Labra en ellas mis recuerdos
regalas con mis lágrimas
que importan los minutos lerdos
son muestras de mis ojos que lastimas.

Me viene siguiendo el miedo
trae cara de recuerdos
un suspiro en el umbral sé que ciego
mis lentas acciones no son de cuerdos.

Ayer la alegría me comía
me sentía cordial, amable y sin defecto
creí que en cama blanda dormía
y solo soy un costal de defectos.
mis ojos joviales brillaron
la habilidad de mi ser se desamparo
todos mis sueños no se han realizaron
ahora mira detrás de un vidrio opaco.

Mi camino deje atrás
con mis huellas lo deje seguro
vivas han quedado pocas letras
las vivas formaron un muro.

De la vida fui su juguete
de mi hizo lo que quiso
a mi destino siempre lo rete
aun así, hizo lo que quiso.

Sentí que la vida se me estaba acabando
todo por que perdí una ilusión
de todo esto estoy despertando
abro mis ojos, solo fue mi imaginación.

TODO

Mirando hacia mi futuro
buscándolo de alguna manera
no creí que fuera tan duro
encontrar una nueva compañera.

Me doy el gusto de mirar
hasta donde mis ojos alcanzan
algo me hace sentir y suspirar
sensaciones que vienen y danzan.

Miro curvas y detalles
los colores y texturas
en salones, cines y calles
y todo son sólo torturas.

Mi mente trabaja en todos sentidos
desesperado busca algo que lo amanse
por esos atributos que nos tiene convencidos
lo único inteligente es hacer un balance.

Unas tienen una cosa
otras tienen otras
una disque cariñosa
y otras pasiones de potras.

Sacudo mi cabeza y me convenzo
mi corazón explica a su modo
"para que le haces al loco, lo pienso
no le busques más ella lo tiene todo"

Dime quien tiene el color de sus ojos
quien tiene esa piel tan suave
quien con su sonrisa te olvida de tus enojos
y quien cuanto el ama lo sabe.
Si la tienes frente a ti
amala que hagas que la tierra tiemble
por ella bien sabes que como nunca latí
así que llévala contigo a dónde has soñado siempre.

NO EXISTE

Me miro sin asombro
sin causarme cierto efecto
tengo suerte que lo nombro
concluyendo que no soy perfecto.

aunque eso si me quiero como soy
con mis defectos y virtudes
porque cada paso que doy
piso mi sombra, aunque lo dudes.
Se querer a quien quiero
atento, confiable y oportuno
serás una reina así lo prefiero
y darte un amor como ninguno.

En el Amor todo lo entrego
no me limito por que espero lo mismo
por unas bellas caricias me cegó
y cubro mi corazón del despotismo.

Busquen donde le busquen
por el lado alegre o triste
los que tengan la razón que me juzguen
pero el hombre perfecto no existe.

QUIERO PEDIR

Con mis ojos de un raro brillo
y con destellos de la razón
acompañados de palabras y latidos
de lo más profundo de mi corazón.

Que te quiero ya lo sabes
y esta emoción que traigo me agobia
con todo mi amor quiero pedirte
si Quisieras ser mi novia.

TE IMAGINÉ

Mujer de pelo dorado
voz femenina que me encanta
de pies y manos estoy atado
por la fantasía que es tanta.

Tu andar es pausado
sobre sensualidad caminas
mi inconsciente lo has estilado
por lo tanto, que me fascinas.

Manos suaves femeninas
que mi piel estremeces
con tus caricias las más finas
un altar te lo mereces.

Ojos, nariz y boca
pelo, cuerpo y andar
cuanta cosa por dentro me provoca
dentro de mi algo quiere estallar.

Abro mis ojos y mis manos aprieto
suspiré y mi sensación afiné
otra vez a la realidad reto
es que por un momento te imaginé.

SEÑORA FRIA

Señora dónde vives
señora dónde estás
necesito que reavives
mi corazón que va a explotar.

Señora sin corazón
que a los no vivos te llevas
ya tengo una razón
me falta sangre en las venas.

Te traigo una vela
con la llama de mi vida
te la ofrezco con cautela
porque la soledad se anida.

Señora esto que te pido
ojalá me lo puedas conceder
seguir vivo te lo impido
¡Llévame, quítame mi ser!
Quiero dárselo de regalo
al amor que me engañó
porque su decisión me caló
y a mi humilde amor lo dañó

Porque de algo estoy seguro
que sólo así me visitará
tendido en el suelo duro
y un ramo de flores me llevará.
Que su visita sea corta
que no se quede mucho tiempo
no me culpen, como mi cuerpo se comporta
si me levanto y el beso lento.

Algo peor pueda pasar
que me volveré a morir
si de su boca pronunciar
"no volvernos a ver así".

Me moriré de nuevo
para nunca despertar
llévame señora te lo ruego
aunque de mis ojos sangre derramará.

Señora ya llévame de una vez
arrástrame sin compasión
esto no es vida, tal vez
es mi mundo de desolación.

"Lo siento no te puedo llevar
yo te llevo cuando yo quiero
debes aprender a espera
seguiras vivo por un tiempo".

"Hasta que venga por ti
vivir sera tu castigo
por tonto y amar así
se lo duro de tu tormento".

"Quien te dijo que se debe amar así
si no tienes ninguna garantia
tu estupidez pagarás fácil
por el capricho que ella te tenía".

"Disfruta tu cargo por ahora
ya no te queda de otra
larga se te hara cada hora
vida y alma sentiras rota".

"Así que tal vez puedas encontrar risas
si su amor lo quieras tomar desde cero
cuando mueras en la otra vida quizás
la encuentres tu primero".

Made in the USA
Middletown, DE
27 November 2021